高等学校烹饪与营养教育专业教材

李明晨 / 主编

餐饮消费心理学

CANYIN XIAOFEI XINLIXUE

中国轻工业出版社

图书在版编目（CIP）数据

餐饮消费心理学 / 李明晨主编. —北京：中国轻工业出版社，2023.4

高等学校烹饪与营养教育专业教材

ISBN 978-7-5184-4319-2

Ⅰ.①餐… Ⅱ.①李… Ⅲ.①饮食业—消费心理学—高等学校—教材 Ⅳ.①F719.3

中国国家版本馆CIP数据核字（2023）第012354号

责任编辑：方 晓

文字编辑：吴曼曼 责任终审：白 洁 整体设计：锋尚设计

策划编辑：史祖福 方 晓 责任校对：宋绿叶 责任监印：张 可

出版发行：中国轻工业出版社（北京东长安街6号，邮编：100740）

印 刷：三河市万龙印装有限公司

经 销：各地新华书店

版 次：2023年4月第1版第1次印刷

开 本：787×1092 1/16 印张：8.75

字 数：180千字

书 号：ISBN 978-7-5184-4319-2 定价：36.00元

邮购电话：010-65241695

发行电话：010-85119835 传真：85113293

网 址：http://www.chlip.com.cn

Email：club@chlip.com.cn

如发现图书残缺请与我社邮购联系调换

221502J1X101ZBW

第七章　餐饮营销心理 /108

参考文献 /130

第一章 CHAPTER 1 心理与心理学

学习目标：

1. 了解心理学的概况。
2. 了解中西方心理认识的异同。
3. 掌握心理学的研究方法。

本章导学：

消费心理学是心理学的一个重要分支，研究消费心理，对于消费者而言，可提高消费效益，对于经营者而言，可提高经营效益。本章将心理学基本理论作为切入点，系统阐述了消费心理学的由来及研究方法。

第一节　心理与心理学概述

一、心理

心理是高级生物对客观物质世界的主观反应，是高级生物神经系统对外界刺激做出的反应的集合，心理以生理为机制基础。

人类对心理现象的研究，可以追溯到远古的原始社会。当时，由于生产力水平很低，人们只能被动地顺应自然，对自然灾害，如雷雨、闪电、地震、洪水、猛兽的侵袭等都无能为力，对人的生老病死以及睡眠、梦境感到惊奇和恐惧。对大自然无法抵御的可怕力量以及种种难以解释的神奇现象，人们也就自然地将之归于神灵而加以崇拜。于是，人类历史上便产生了一种最早的心理学思想，这就是“灵魂说”。它认为，活人和死人的最大区别，就是活人身体内有灵魂，而死人则没有。灵魂是一种无形的、看不见、摸不到的东西，暂时地居住在人的这副有血有肉的躯体内。当人睡眠时，它就暂时地离开人体外出活动，结果就形成“梦”；当它回来时，人就醒了。当人觉醒时，它支配着人的一切行动，控制着人的生死安危。人死了，它就永远脱离肉体而去；但它是不死的，它可以永存不朽地、超自然地存在着。

这是人类原始的信仰，是人类最早的心理学思想。从最初的万物有灵论，到后来的原子论心理学思想，再到柏拉图（Plato）的理念论、亚里士多德（Aristotle）的生机论，都是围绕灵魂问题展开的。他们运用原始的自然观察，粗略地阐释了灵魂的本质、起源、特征、分类及其与世界万物的关系，展示了原始的自然观对心理学的影响。他们著书立说，发展并弘扬了这一原始心理学思想，亚里士多德的《灵魂论》可以说是世界上第一部心理学专著。这一切标志着人类已经注意并实际地对产生于人的机体中的这种奇妙精神现象的探索，这是心理学的萌芽，是心理学历史的源头。

古代，心理的认识与研究从属于哲学。心理一词的英文有mind，mental和psychological等。mind是指头脑、心智、情绪；mental意指喜怒哀乐等心理状态；psychological是拉丁语psyche（灵魂、心灵）和logos的复合，最初的意思是对灵魂或心灵的阐释。psychic是指巫师、超自然、灵魂，因此心理现象的认识和研究是人类早期巫师从事的活动之一。巫术包含着医学、艺术、宗教、社会学等后世科学技术的因子，因此心理研究也就越发复杂，演变为医学心理、文艺心理、宗教心理、社会心理和经济心理等众多分支，饮食消费心理就是经济心理的分支和细化。

在中国古代，人们认为人的精神是由心产生和支配的，如“哀莫大于心死”。荀子提出“形具而神生”的命题，肯定身体具备了，心理才会产生；形是第一性的，神是第二性的。也就是说，有了一定的形体，才会有一定的心理机能。魏晋之际的哲学家杨泉提出“人死之后，无遗魂矣”的论断。汉代桓潭以烛火为喻，说明形神关系：“精神居形体，犹火之燃烛”；“气索而死，如火烛之俱尽矣”（《新论》）。王充发展了桓潭的学说，更详尽地论证了心理不能脱离形体而存在的道理。他认为精神是血脉所产生的，“人死血脉竭，竭而精气灭”（《论衡·论死》）。这些看法属于唯物二元论的形神论，具有一定的缺陷。南北朝时的思想家范缜继承了荀子的传统，提出了“形质神用”（《神灭论》）的观点，肯定“形存则神存，形谢则神灭”，确立了完善的唯物一元论的心身关系的理论。他还提出人的心理“有方”（有空间位置）的看法，使形神论的心理学意义更为明确。

因此在古代，无论是西方还是东方，人们一般把心脏视为意识和精神的支配者，也就习惯称之为心理，被研究心理的学科沿用，称为心理学。

二、心理学

心理学（psychology）是研究高级生物心理现象和心理规律的一门科学。有动物心理学和人类心理学之分，目前主要集中于人类心理学的研究。

从1879年德国人威廉·冯特（Wilhelm Wundt，1832—1920）在德国莱比锡大学创建了世界上首座心理学实验室，开始了对心理现象进行系统的研究，使心理学从哲学中分离出来，把经验理论化并进行实证研究，使心理研究成为一门科学，标志着心理学的诞生，威廉·冯特被誉为“心理学之父”（图1-1）。此后，西方的心理学出现了众多流派分支，概述起来主要有以下七个流派。

1．构造主义心理学派

生理学家威廉·冯特，他作为独立科学的心理学的创始人，建立了现代心理学第一个学派——构造主义，该学派从1879年开始，兴盛了二三十年。

构造派认为，人的心理意识现象是简单的“心理元素”构成的“心理复合体”，它致力于心理意识现象“构造”的研究；分析心理意识现象的“元素”，设想心理元素结合的方式，所以该学派又称为“元素主义心理学”。该学派主要代表人物是威廉·冯特和其学生爱德华·布雷福德·铁钦纳（1867—1927）。威廉·冯特及其心理学体系的主要观点：①心理学是研究直接经验的科学；②元素分析与创造性综合；③实验内省法。

图1－1 心理学之父威廉·冯特

爱德华·布雷福德·铁钦纳一方面继承了冯特的心理学体系，另一方面在一定程度上也修正和发展了威廉·冯特的心理学体系。威廉·冯特认为内省法只能用来研究简单的心理过程，而爱德华·布雷福德·铁钦纳则把内省法用来研究思维、想象等高级的心理过程；威廉·冯特把心理元素分解为纯粹的感觉和简单的情感，爱德华·布雷福德·铁钦纳则把意识经验分析为三种元素：感觉、意象和感情。感觉是知觉的基本元素；意象是观念的元素；感情是情绪的元素。总之，铁钦纳把心理过程分析为感觉、意象、感情，并认为感觉、意象有四种属性，即性质、强度、持续性和清晰性。感情有前三种属性而缺乏清晰性，元素在时间和空间上混合形成知觉、观念、感觉、感情、情绪等心理过程。

2. 机能主义学派

机能主义是与构造主义相对立的一个学派，它与实用主义哲学紧密联系在一起，产生于19世纪末的美国。机能派认为，意识是机体适应环境达到生存目的的工具；心理学的任务是对意识状态“适应功能”的描述和解释。它认为，意识状态是一个连续不断的整体，称之为“思想流、意识流或主观生活流”；人和动物的心理活动都是“本能”冲动的作用。

该学派的主要代表人物是威廉·詹姆斯（1842—1910）、约翰·杜威（1859—1952）和詹姆斯·罗兰·安吉尔（1869—1949）。詹姆斯认为心理学研究的对象是意识，心理学是对意识状态的描述和解释，意识状态是一种川流不息的状态，是思想流、意识流和主观生活流。他反对把意识分解为基本元素的做法，认为这种做法容易破坏心理的整体。詹姆斯关于意识的观点有：①每一种意识都是个人意识的一部分；②意识是经常变化的；③每个人的意识都可以感到是连续不断的，每个人的意识状态都是意识流的一部分；④意识具有选择性。

安吉尔主张心理学的方法是内省法（主观观察）和客观观察法，尤其看重内省法，认为它是心理学的基本方法。积极主张心理研究的领域应包括一切心理过程及其生理基础和外部行为，看重心理学的应用性研究，如教育心理学、工业心理学和医疗心理学等。

3. 格式塔心理学派

格式塔主义是20世纪初在德国出现的反对冯特构造主义的一个学派。诞生于1912年，“格式塔”是德文“Gestalt”一词的音译，意思为“形式”“形状”，在心理学中用这个词表示的是任何一种被分离的整体。格式塔也被译为完形心理学。

格式塔派认为，人的心理意识活动都是先验的“完形”，即“具有内在规律的完整的历程”，是先于人的经验而存在的，是人的经验的先决条件，人所知觉的外界事物和运动都是完形的作用。人和动物的智慧行为是一种新完形的突然出现，叫作“顿悟”。

该学派的主要代表人物是马克思·韦特海默（1880—1943）、沃尔夫·苛勒（1887—1957）和库尔特·考夫卡（1886—1941）。马克思·韦特海默的主要观点：通过对似动现象的视知觉问题实验研究，他认为似动现象就是一个格式塔，在心理现象上整体不等于部分之和，整体的性质不存在于它的部分之中，而存在于整体之中。考夫卡的主要观点：认为心理学的任务是研究行为与心理物理场的因果关系。所谓心理物理场含有自我和环境的两极，而这两极的每一部分都有自己的结构。他把环境分为地理环境，即外部实际的环境；行为的环境，即个人心目中的环境。行为产生于行为的环境。

4．行为主义学派

行为主义出现在美国，20世纪初，自然科学飞速发展，一些年轻的心理学家对冯特学派不满意，认为心理学不能研究意识，认为心理学和其他自然科学处于同样的地位，应该像其他自然科学一样研究看得见、摸得着的客观东西，也就是行为。

行为派认为，人的心理意识、精神活动是不可捉摸的，是不可接近的，心理学应该研究人的行为。行为是有机体适应环境变化的身体反应的组合，这些反应不外是肌肉的收缩和腺体的分泌。心理学研究行为在于查明刺激与反应的关系，以便根据刺激推知反应，根据反应推知刺激，达到预测和控制人的行为的目的。

该学派的主要代表人物是约翰·华生（1878—1958）和伯尔赫斯·费雷德里克·斯金纳（1904—1990）。华生的主要观点有三点。①机械唯物主义决定论。②认为心理学是一门自然科学，是研究人的活动和行为的一个部门，要求心理学必须放弃与意识的一切关系，他提出两点要求：第一，心理学与其他自然科学的差异只是一些分工上的差异；第二，必须放弃心理学中那些不能被科学普遍术语加以说明的概念，如意识、心理状态、心理、意志、意象等。③极力要求用行为主义的客观法去反对和代替内省法，认为客观方法有四种：第一，不借助仪器的自然观察法和借助于仪器的实验观察法；第二，口头报告法；第三，条件反射法；第四，测验法。斯金纳则属于新行为主义心理学派，他只研究可观察的行为，试图在刺激与反应之间建立函数关系，认为刺激与反应之间的事件不是客观的东西，应予以排斥。斯金纳认为，可以在不放弃行为主义立场的前提下说明意识问题。

5．精神分析学派

精神分析学说又称弗洛伊德主义，产生于19世纪末20世纪初，创始人是奥地利的精神病学家西格蒙德·弗洛伊德。在心理学界，这个理论是指精神分析和无意识心理学体系，也称为精神病学和深蕴心理学。精神分析学说分为古典弗洛伊德主义和新弗洛伊德主义。

什么是精神分析？按照弗洛伊德自己的说法，精神分析是他“研究和治疗”癔症（神经症）的方法。弗洛伊德心理学包含两个不可分割的内容：第一部分是精神病的治疗方法及其理论；第二部分是关于人的心理过程的理解。弗洛伊德认为，人的心理领域是一个深不可测的巨大的世界，它最深层有着神奇的不能被人意识到的东西，这是一个充满魅力的领域。

该学派的主要代表人物是西格蒙德·弗洛伊德（1856—1939）、阿尔费雷德·阿德勒（1870—1937）和卡尔·古斯塔夫·荣格（1875—1961）。弗洛伊德的主要观点：①无意识学说。弗洛伊德把自己的心理学称为深层心理学，他构筑的心理过程包括三个组成部分，第一层次是潜意识系统，它是人的动力冲动、本能等一切冲突的根源，是人的生物本能、欲望的储藏库，不受客观现实的调节，构成人们心理的深层基础；第二层次是前意识系统（下意识），是意识系统和潜意识系统之间的一个边缘部分，它在人的心理活动中执行着“检查者”的作用，其目的是保证适合本能，又要服从现实的原则；第三层次是意识系统，是人的心理最外层次部分，是人的心理因素构成的“家庭”中的“家长”，它统治着整个精神家庭，使之协调。②释梦理论。弗洛伊德按照精神分析的观点把梦的内容所表示的意义分为两个层次：一个是表层意义，是梦的“显义”，指梦者可以回忆起来的梦的情境及其意义；一个是深层意义，是梦的“隐义”，指梦者通过联想可以知道隐藏在显意背后的意义。

6．人本主义学派

人本主义于20世纪五六十年代在美国兴起，七八十年代迅速发展，它既反对行为主义把人等同于动物，只研究人的行为，不理解人的内在本性，又批评弗洛伊德只研究神经症和精神病人，不考察正常人心理，因而被称为心理学的第三种运动。

人本学派强调人的尊严、价值、创造力和自我实现，把人的本性的自我实现归结为潜能的发挥，而潜能是一种类似本能的性质。人本主义最大的贡献是看到了人的心理与人的本质的一致性，主张心理学必须从人的本性出发研究人的心理。

该学派的主要代表人物是亚伯拉罕·马斯洛（1908—1970）和卡尔·罗杰斯（1902—1987）。马斯洛的主要观点：对人类的基本需要进行了研究和分类，将之与动物的本能加以区别，提出人的需要是分层次发展的；他按照追求目标和满足对象的不同把人的各种需要从低到高安排在一个层次序列的系统中，最低级的需要是生理的需要，这是人所感到要优先满足的需要。罗杰斯的主要观点：在心理治疗实践和心理学理论研究中发展出人格的“自我理论”，并倡导了“患者中心疗法”的心理治疗方法。人类有一种天生的“自我实现”的动机，即一个人发展、扩充和成熟的趋力，它是一个人最大限度地实现自身各种潜能的趋向。

7．认知主义学派

产生于20世纪70年代初，目前，正处于高潮。一般认为，该学派的奠基者是美国的乌尔里克·奈瑟尔和赫伯特·西蒙。认知心理学是在行为主义失败，而信息论、控制论、系统论以及计算机科学发展起来的条件下产生的。时代精神：信息技术的急速发展，人工智能的研究。

该学派反对行为主义，认为应承认人的主观事物——意识的存在，并认定，人的行为主要取决于认识活动，包括感性认识和理性认识，人的意识支配人的行为。强调人是进行信息加工的生命机体，人对外界的认知实际就是一种信息的接受、编码、操作、提取和使用的过程。为此主张，认知心理学就是要研究人类认识的信息加工的过程，提供信息加工的模型。

认知心理学有广义、狭义之分，广义的认知心理学是指凡是研究人的认识过程的，都属于认知心理学，而目前西方心理学界通常所指的认知心理学，是狭义的认知心理学，也就是所谓的信息加工心理学。信息加工心理学是指用信息加工的观点和术语，通过与计算机相类比，模拟、验证等方法来研究人的认知过程，认为人的认知过程就是信息的接受、编码、贮存、交换、操作、检索、提取和使用的过程，并将这一过程归纳为四种系统模式，即感知系统、记忆系统、控制系统和反应系统。强调人已有的知识和知识结构对他的行为和当前的认知活动起决定作用，其最重大的成果是在记忆和思维领域的突破性研究。

现代认知心理学的基本观点就是把人看成信息传递器和信息加工系统。提出短时记忆中有三种编码：①听觉编码，即声码；②视觉编码，即形码；③语义编码，即意码。

认为人是按事物的各种性状将其分成三种编码，分别贮存在三个不同的位置，而后可以用声、形、意三种不同的途径来检索这一记忆。

第二节　心理学研究的领域

心理学产生到今天已经发展了100多年，它与人类社会各个领域相结合形成了日益广泛的研究范畴和更为细化深刻的研究层面。

根据心理学研究领域的性质和侧重点可以将其分为偏重理论研究的基础心理学和侧重实践意义的应用心理学。餐饮消费心理学属于应用心理学的分支，其基础是基础心理学，所以下面主要介绍基础心理学概况。

基础心理学是心理学的基础学科。它研究心理学基本原理和心理现象的一般规律，涉及广泛的领域，包括心理的实质和结构，心理学的体系和方法论问题，以及感知觉与注意，学习与记忆，思维与言语，情绪情感与动机意识，个性倾向性与能力、性格、气质等一些基本的心理现象及其有关的生物学基础。基础心理学也包括动理学方法的研究，包括实验设计、心理测量和各种具体的研究方法。

一、普通心理学

在心理学中，它处于基础学科的地位。普通心理学是研究心理现象产生和发展的最一般的规律，以及研究心理学最一般的理论。普通心理学的内容概括了各分支学科的研究成果，同时又为各分支学科提供理论基础。在普通心理学范围内还包括感知觉心理学、记忆心理学、思维心理学、言语心理学、动机心理学、情绪心理学、意志心理学、个性心理学等等。普通心理学为各分支心理学提供了理论基础。因此，普通心理学是学习心理学的入门学科。

1．生理心理学和心理生理学

研究心理的生理机制的科学。它主要研究各种感觉系统的机制、学习和记忆、动机和情绪等各种心理现象的神经机制以及内分泌腺对行为的调节机制等。这些研究对揭示心理现象和它的物质本体——神经过程的关系，科学地解释各种心理现象，进而指导临床实践都有重要的意义。

2．发展心理学

研究心理的种系发展和人的心理的个体发展。研究心理的种系发展的心理学称为比较心理学，它将动物心理与人的心理进行比较，从比较中确定它们的联系和差别。比较心理学还研究动物的心理和行为的各种具体形式。

3．社会心理学

研究社会心理的基本过程及其变化发展的条件和规律的科学。具体地说，它研究社会认知、社会动机、社会态度、社会感情、团体心理（如民族心理、阶级心理、小团体人际关系由于观察法是在自然条件下，即在不影响被观察者正常活动的条件下进行的，被观察者的心理活动较少或没有受到“外界的干扰”，所以，所获得的资料既是第一手的，又比较真实。观察既可以在完全自然的环境下进行，如野外观察；也可以在人为设置的情景下观察，如要了解儿童的诚实性，可在专门的行为观察室里，设置特定的游戏情景，研究者在室外通过单向玻璃观察儿童的活动。

观察法的良好运用，依赖于下列条件：①观察的目的要明确，计划要周密，尤其是要分清重点、难点；②记录要细致，最好借助录像、录音设备；③分析要客观，要防止主观臆测；④观察须在多种条件下进行，以便搞清楚某些现象是偶然的还是规律性的。

观察法的不足是：①在自然条件下，对某种现象难以进行重复观察，观察的结果也难以进行检验和证实；②在自然条件下，影响某种心理活动的因素是多方面的，用观察法得到的结果，往往难以进行精确的分析；③由于对研究条件未加控制，观察时可能出现不需要研究的现象，而要研究的现象却没有出现；④观察的结果容易受观察者的经验和愿望等无关因素的影响；⑤观察结果的质量在很大程度上依赖于观察者的能力。

2．调查法

就某个问题或某些问题要求许多被调查者回答，以对某一心理现象进行研究的方法。它包括书面调查和口头调查两种。书面调查就是问卷法，即研究者事先设计出问卷让被调查者自行填写以搜集资料的一种方法。设计问卷时应注意以下几点：①要针对所研究的问题设计题目；②问卷题目适合被调查的对象回答；③问卷要有一定的结构；④问卷设计要便于统计处理。问卷法的优点是可以同时调查许多人，获得一大批人的研究资料；缺点是由于没有对研究条件进行严密的控制，对心理现象的研究只能属于初步的研究。

口头调查，即访谈法，是研究者根据事先拟定好的问题（访谈提纲）向被调查者提问的方式进行调查。要使访谈结果真实可靠，首先，要与被调查者建立信任的关系，使其做到知无不言；其次，调查者要训练有素，使访谈过程标准一致。访谈法的优点是：可以控制访谈进程，减少遗漏；可以采取一些措施检查被调查者回答问题的真实程度。其缺点是：由于一次只能访谈少数人，要想获得许多人的资料太费时间；访谈结果受调查者的态度、提问方式等无关因素的影响较大。

3．心理测验法

心理测验法是指用经过标准化程序编制的心理量表测量某些心理品质的方法。心理测验按内容可分为智力测验、成就测验、创造力测验和人格测验等；按方式可分为个别测验和团体测验；按材料可分为文字测验和非文字测验等。心理测验的基本要求是测验的信度和效度。

信度指的是测验的可靠性、稳定性或一致性，如果一个人多次参加同一测验，所得成绩相同或大致相同，说明这个测验的信度高；如果一个人多次参加同一测验，所得成绩悬殊，说明这个测验的信度不高。例如，一个人在智力测验中所得智商是100，间隔三个月后，再次进行测验得到的智商是70，则说明该智力测验的信度不高。效度是指测验能有效地测量出所要测量的心理品质。如果大家公认一个人在工作和学习中表现出很高的创造性，而他在创造力测验中也确实得分高，那就说明此测验的效度高。心理测验量表一般是在心理学家对某种心理特质深入研究的基础上，按科学程序，严谨设计，反复修改，抽样测查，制订常模之后完成的。心理测验法是客观评定心理品质、获得数据资料的重要方法。同时，可以应用心理测验法对一些心理现象进行相关研究。

4．实验法

实验法是指在严格控制的条件下对某些心理现象进行研究的方法。它又分为实验室实验法和自然实验法。实验室实验是在实验室内借助专门的实验设备进行的。例如，注意的广度、短时记忆的容量等，都是通过实验室实验法进行研究的。它的优点是条件控制严格，有助于发现事件的因果联系，并能对实验结果进行反复验证。不足是实验情景的人为性很强，由于被试态度、情绪等的影响和干扰，容易使实验结果失真。

自然实验也称现场实验，是在日常生活中进行的实验，虽然也对实验条件进行了适当控制，但它是在人们正常学习和工作的情境中进行的。例如，要比较两种教学方法哪一种教学效果更好，可让同一教师采用同一种教材，在相同时间内对具有相同水平的两个班施教，然后按同一标准测试两个班，就可以发现教学方法对学生学习的影响。

用实验法进行研究时，在性质、数量上可以变化、操纵的条件称作变量。其中的一类变量是由实验者操纵、控制的条件，称自变量或实验变量，如反应时实验中不同颜色的灯光。实验中的另一类变量是因变量或反应变量，是实验者应该予以观察、记录或测量的心理和行为变化，如反应时的长短、注意的广度等。在心理实验中，因变量随自变量的变化而变化，它们之间的变化关系会存在多种可能性：有时自变量增加，因变量也增加；有时自变量增加，因变量减少；有时自变量与因变量之间是非线性关系；有时自变量与因变量之间没有关系；等等。在心理实验中，除了要控制自变量外，还要控制其他一些可能影响实验结果的因素，这些因素被称为控制变量或无关变量。如在反应时实验中，要研究的是不同颜色的灯光对反应时的影响，在实验中被试的情绪、动机、疲劳程度等都可能对实验结果产生影响，需要实验者对这些因素加以控制。控制无关变量的方法有：消除无关变量，平衡无关变量，保持无关变量恒定，使无关变量的作用抵消等。

此外，还有个案法、作品分析法、经验总结法、相关分析研究法等。

心理学作为一门社会科学通过不同领域研究者们的研究，发展出同各个领域学科相结合的分支，各个分支都遵循着心理学的理论基础，饮食消费心理也不例外。

【拓展与应用】

消费心理学的产生与发展

最早有关专门研究消费心理学的理论出现在20世纪初至30年代，这时的资本主义国家经过工业革命的洗礼，生产能力大幅度增强，所生产提供的产品产量大大超过了当时的人们需求，企业和企业之间不可避免开始了激烈的竞争。在这种背景之下，一些企业经营者开始了产品营销，刺激购买者购买行为，广告行为也开始流行。1895年，美国教授盖尔第一次使用调查问卷的方式，开始对商品中的广告对消费者产生的影响进行研究。1901年，美国著名心理学家斯科特首次提出来广告应成为一门专门学科，同时第一次提出了消费心理学概念。第二次世界大战之后，人们对消费心理学的行为现象和分析开始产生越来越浓厚的兴趣，更是由于心理学在很多领域的出色作用和价值，引起了学者和企业经营者的关注和积极反响。1951年美国心理学家马斯洛提出著名的人的五个层次的需要的理论，1953年，美国心理学家布朗提出商标对消费者的影响理论。从20世纪60年代一直到现在，关于消费心理学的研究者，影响消费者行为的理论和著作剧增，并且也越来越细分，质量也越来越高。

随着研究的不断深入，消费心理学与行为的科学成果也被广泛地应用到企业的市场营销、广告宣传制作和人员素质培训等方面。目前，消费心理学与行为研究已经成为从事市场工作人员的必修课，也是各大学校经济类专业学生的必修课。

·课后思考题·

1. 阐述自己对心理的认识。
2. 简述心理与心理学的关系。
3. 心理学成为一门科学要具备哪些条件?
4. 简述心理学的分支与流派。
5. 简述心理学主要流派的主要观点。
6. 简述心理学的研究方法。
7. 举例说明心理学在日常生活中的实践意义。

第二章 心理学基础

CHAPTER 2

学习目标：

1. 了解心理的生理机制。
2. 了解心理学的研究对象。
3. 掌握心理学的基本理论。
4. 理解心理学的常用概念。

本章导学：

饮食消费心理是应用心理学中消费心理学的一个分支，是以饮食消费为研究对象，研究饮食消费者的心理现象和心理规律。饮食消费心理以普通心理学为理论基础，以此为指导对饮食消费者的饮食心理展开研究，分析心理现象和心理规律。因此，学习心理学基础理论是从宏观上把握饮食消费者的心理变化，分析饮食消费心理现象，指导学习者把握饮食消费心理规律，从而提高生产效率和服务水准。

第一节 脑神经与心理

一、神经系统

神经系统是心理活动的主要物质基础，人的一切心理活动，都要经过神经系统的活动来实现。人体也是通过神经系统的活动，来适应变化着的环境，神经系统是由无数细胞（即神经元）组成的。

（一）神经元

神经元，即神经细胞，是组成神经系统的基本单位。

1．神经元的基本结构

神经元是由细胞体和细胞突构成的。细胞体在形态、大小上有很大差别，有圆形、垂体形、菱形和星形等，直径为4～150纳米。细胞体的最外层是细胞膜，内含细胞核和细胞质。细胞质的结构尤为复杂，包含神经原纤维、尼氏体、高尔基体和线粒体等，其中神经纤维和尼氏体是神经元特有的结构。细胞突是指细胞向外突出的部分，分树突和轴突两种。树突的形状如树的分支，其作用是接受刺激，将神经冲动传向细胞体。轴突长度差别较大，其长度从十几微米到1米多。每个神经元只有一根轴突，其作用是将神经冲动从细胞体里传出，到达与它联系的各种细胞，其传导速度为3～120米/秒。

2．神经元的基本功能

①兴奋功能：神经元有接受刺激而进入活动状态的功能。

②整合功能：细胞体把各方面传来的兴奋加强或减弱。

③传导功能：细胞体把整合后的兴奋，作为神经冲动沿着轴突向下一个神经元传导。

3．神经元种类

按突起的数目可分为：单极神经元、双极神经元和多极神经元。按神经元的功能可分为：感觉神经元，功能是收集和传导身体内外的刺激，使之到达脊髓和大脑；运动神经元，功能是将脊髓和大脑发出的信息传到肌肉和内分泌腺，支配效应器官的活动；中间神经元介于前两者之间，起联络作用。

4．神经元之间的突触传导

一个神经元不能单独执行神经系统的机能，各神经元必须互相联系。对脊椎动物来说，神经元之间在结构上没有细胞质相连，仅仅是互相接触。一个神经元与另一个神经元特化的相接触的部位，称为突触。神经元之间在机能上发生联系的突触由三部分组成：突触前膜，突触间隙和突触后膜。

神经兴奋在突触间的传递，是借助于化学物质——神经递质来完成的。当神经兴奋达到轴突末梢时，突触小泡内储存的神经递质通过突触前膜的张口处释放出来。这种神经递质经过突触间隙后作用于突触后膜，并与突触后神经元内另一种化学物质——受体结合，从而改变了膜的通透性，并引起突触后神经元的电位变化，实现了神经兴奋的传递。突触的这种传递，是感知活动的物质基础，使人能够感受到外界和体内发出来的各种信息。

一个神经元的轴突末梢，可以分出许多突触体，并且可与多个神经元的胞体或胞突形成突触。根据接触部位的不同，可分为轴突—树突突触、轴突—胞体突触、轴突—轴突突触。

（二）周围神经系统和中枢神经系统

各种各样的神经元经过复杂的联系构成复杂的机能系统，就是神经系统。由于结构和机能不同，可以将神经系统分成周围神经系统和中枢神经系统两部分。

周围神经系统分布在人的全身。包括：分布在头部的12对脑神经，控制人的视、听、嗅、说、吞咽等活动；分布在四肢和躯干部的31对脊神经，主要是控制四肢和躯干的运动；周围神经主要是起传递信号和神经冲动的作用。它一方面把感觉器官得到的信息通过传入神经向效应器官传递；另一方面，把来自中枢的神经冲动通过传出神经向效应器官传递。

中枢神经系统由脊髓和脑组成。脊髓是中枢神经系统的低级部位，是由中间的灰质和外周的白质构成的。其功能：一是低级反射中枢；二是在感觉传入和冲动传出时起联络作用。有关脑的结构机能，我们在后面介绍。

（三）神经系统的基本活动方式

神经系统是以什么方式保持机体的完整统一、如何实现有机体与环境的平衡呢？

1．反射与反射弧

俄国著名生理学家伊万·米哈洛维奇·谢切诺夫在1863年出版的《脑的反射》中指出："有意识的和无意识的生活的一切活动，按其产生的方式来说，都是反射。"什么是反射？反射就是有机体借助于神经系统，对内外刺激的规律性的应答。例如，一个饥肠辘辘的人闻到扑鼻的香味，口里唾液增多，即香味作用于鼻这个感受器，由嗅传入神经传递到大脑中枢，经过分析综合后，由传出神经将冲动信号作用于唾液腺，于是唾液腺就开始分泌唾液。

反射是通过一定的神经结构来完成的，实现反射的全部神经结构称为反射弧，它是由感受器、传入神经、中枢（脑和脊髓）、传出神经、效应器（肌肉和腺体等）五部分组成的。近期的科学研究表明，反射弧的最后环节并不意味着反射活动的结束。在通常情况下，由效应器产生的反应活动又将成为一种新的刺激物，重新引起一定的神经冲动，沿传入神经返回到中枢，这个过程称为"反馈"。中枢神经系统根据这种反馈信息，就能对效应器的活动进行进一步地调节，保证有机体活动的连续性、完整性与准确性。

2．无条件反射与条件反射

反射可分为无条件反射与条件反射。无条件反射是指先天遗传的不学而会的反射。婴儿出生时就会啼哭，东西放进嘴里就会吮吸，异物进入鼻孔就打喷嚏等，都是无条件反射活动。无条件反射的神经通路是固定的，这类反射活动不需后天的学习和训练，是人和动物所共同具有的。这类反射在中枢的低级部位就可以实现，又被称为本能的或种族的反射。

条件反射是在无条件反射的基础上，经过后天的学习训练而形成的反射。例如，打过针的幼儿再见到穿白工作服的人产生惧怕情绪；被蛇咬伤的人就可能出现"十年怕井绳"的现象。条件反射的神经通路是在后天的学习过程中暂时接通的。没有中枢神经系统的低等动物，虽然也能建立初级的条件反射，但是在高等动物身上，条件反射的建立通常需要经过大脑皮层才能形成。在已建立的一级条件反射基础上，高等动物还可以建立二级、三级甚至更多级的条件反射。人还可以建立以词语为信号刺激物的条件反射。

3．经典性条件反射和操作性条件反射

（1）经典性的条件反射。近代生理学家伊万·彼得罗维奇·巴普洛夫（图2-1）发展了谢切诺夫的反射说，创立了条件反射学说，他的这一学说被称为经典性的条件反射说。

巴甫洛夫的条件反射理论是建立在以狗为实验研究对象的基础上的。在实验室内，狗被绑在实验台上，在狗的腮部开一个小口并安装一个漏斗，以便对流出的唾液加以收集测量，待狗的伤口愈合后进行实验。其实验过程如下：首先，给狗喂食物，狗立即分泌唾液。这是食物刺激引起的无条件反射，食物是无条件刺激物。然后，让狗听见铃声或看见灯光，这时狗并不分泌唾液，这里的铃声和灯光是无关

图2-1　伊万·彼得罗维奇·巴甫洛夫

刺激物。接着，给狗喂食物的同时，给予铃声或灯光，狗分泌唾液，这一过程重复多次。最后，食物不出现，单独给予铃声或灯光，狗也同样分泌唾液。这就说明条件反射已经建立起来。这时候，原来的无关刺激物铃声或灯光，已变成食物的信号，成为条件刺激或信号刺激物了。

条件反射形成的神经机制是大脑内神经联系接通的过程，是无关刺激铃声或灯光在大脑皮层内引起的弱兴奋区，与无条件刺激物如食物在皮层内引起的强兴奋区建立暂时神经联系的过程。条件反射建立后，必须用无条件刺激物加以强化才能巩固。如果长期不予以强化，条件反射就会逐渐消退，大脑皮层已建立的联系就会中断。

（2）操作性条件反射。操作性条件反射是美国著名的心理学家斯金纳通过实验研究而提出的另一种条件反射理论。这个实验是在他自己设计的“斯金纳箱”中进行的，实验以白鼠、鸽子等为对象。将白鼠或鸽子放到“斯金纳箱”中，开始它四处乱跑，偶然碰到杠杆，杠杆与进食的机械相连接，一粒食物就会掉进箱子里。经过多次反复，白鼠或鸽子从进入箱子内到碰杠杆所用时间越来越短。最后，它们终于学会了准确地操纵杠杆，主动去获取食物（图2-2）。

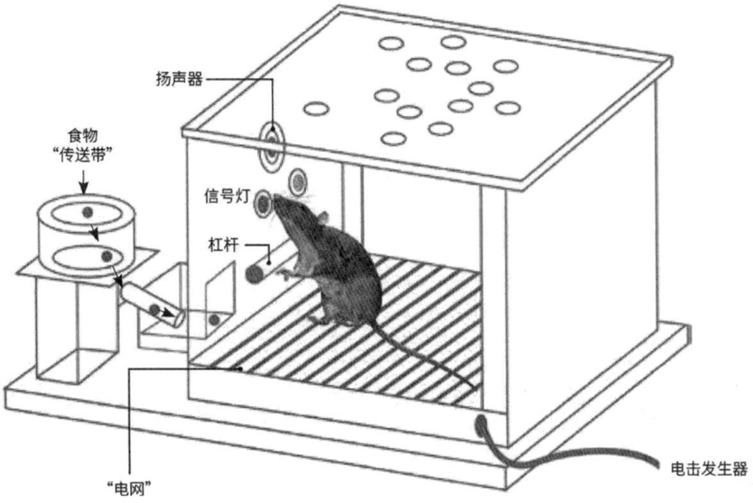

图2-2 “斯金纳箱”实验

这说明动物在碰压杠杆与获取食物之间建立了暂时的神经联系，操作性条件反射已经形成。在这里，食物对于白鼠或鸽子压杠杆动作来说是强化刺激物。在人类的活动中，表扬、鼓励等都可以起到强化刺激物的作用。

两种条件反射之间的关系：两种条件反射的基本原理是一致的，比如它们都是随强化次数的增多而巩固，随强化的消失而消退。操作性条件反射是经典性条件反射的进一步发展，但是，两种条件反射在形成的具体过程以及形成条件等方面是存在差别的。第一，在操作性条件反射中，有机体的反应是自主的、随意的行为；在经典性条件反射中，有机体的反应是不自主的、不随意的，主要是由植物性神经系统控制的。第二，在经典性条件反射形成过程中，是刺激物出现在前，有机体反应在后；在操作性条件反射形成过程中，是有机体反应在前，强化物出现在后。

条件反射是一种信号活动，依刺激物的性质不同可将条件反射分为：第一信号系统和第二信号系统。第一信号系统是由具体刺激物（第一信号）为条件刺激而建立的条件反射系统，这是人和动物都具有的条件反射系统。例如，狗见到食物分泌唾液，受过训练的狗听到铃声分泌唾液，学生听到铃声走进课堂等，这都是第一信号系统的活动，在这种反射系统的基础上，只能形成对现实的直接反应，如感觉等。第二信号系统是以语言中的词汇（第二信号）为条件刺激物而建立的条件反射系统，这是人类所特有的条件反射系统。如“谈虎色变”，尽管老虎这一具体形象没在眼前，但如果有人以前受到老虎伤害或者看到、听到过老虎伤害他人，在听到“老虎”这一词时也可能大惊失色。动物没有也不可能掌握人类语言，所以它们也不可能建立以语言为信号刺激的反射系统。

人的心理活动是第一信号、第二信号系统协同活动的结果。第一信号系统的活动是第二信号系统形成的基础；反过来，第二信号系统又对第一信号系统起支配和调节作用。

二、心理的活动器官——脑的结构和功能

1. 脑的结构

脑是中枢神经系统最重要的结构，人脑包括：大脑、间脑（包括丘脑和下丘脑）、小脑和脑干，脑干又包括中脑、脑桥和延脑。

（1）大脑　位于间脑之上，分左右两个半球，大脑中枢神经系统的最高级部位，是人体的“最高司令部”。大脑主要由大脑皮层、边缘系统和基底神经节三部分组成。大脑皮层是指大脑两半球表面的灰色皮层，厚度平均约2.5毫米，分为六层。这是心理活动的主要场所，是感知觉、记忆、思维、言语和运算的中枢。

（2）间脑　位于中脑上方，大脑两半球的下部，包括丘脑和下丘脑。丘脑是人体传入冲动的中继站，来自全身的各感觉器官的传入纤维（除嗅觉外）均通过这里再传向大脑皮层，从而产生视、听、触、味等感觉。丘脑还对睡眠和觉醒有重要作用。下丘脑是调节器交感神经和副交感神经的主要皮下中枢，对维持体内平衡、控制内分泌腺的活动有重要意义。它还对控制情绪活动起重要作用。如用微电流刺激下丘脑的某些部位，可以产生快感；而刺激另一些部位，则产生痛苦和不愉快的情绪。

（3）小脑　它在脑干背面，分左右两个半球。主要功能是维持肌肉紧张程度，协调人的随意运动，维持身体平衡等。

（4）中脑　它位于丘脑底部，小脑、脑桥之间。主要功能是调节头部的一些反射活动，如瞳孔反射、眼肌运动、咀嚼运动等。

（5）脑桥　它在延脑上方，位于延脑和中脑之间。是中枢神经与周围神经之间传递信息的必经之地，对人的睡眠有调节和控制作用。

（6）延脑　这是与脊髓上端相连接的部分，是脑的低级部位。是调节循环、呼吸、吞咽、呕吐和分泌唾液等功能的基本生命中枢。

延脑、脑桥和中脑组成脑干。在脑干中央部的广泛区域内，神经纤维纵横穿行，交织成网状，通常将这个灰白质交织的区域称为脑干网状结构。人体感受器接收到适宜的刺激，产

生神经冲动，通过脑干网状结构，一是沿特异投射系统传向大脑皮层；二是沿上行激活系统——非特异投射系统弥漫性地投射到大脑皮层的广泛区域，使大脑皮层处于兴奋状态。因此，网状结构的非特异投射系统对维持大脑皮层相应区域的兴奋性，保持觉醒状态是很重要的。在此基础上，特异投射系统才能引起特定的感觉。

2．大脑皮层机能定位及左右半球机能分工

大脑表面布满深浅不同的沟和裂，沟裂间隆起的部分称作回。大脑皮层就是由这些沟、裂和回组成的，展开面积约有2200平方厘米。其中有三条大的沟裂，即中央沟，外侧裂和顶枕裂，这些沟裂将大脑半球分成额叶、顶叶、枕叶和颞叶几个区域。

大脑皮层的各部分在机能上是有分工的，主要分为：

（1）感觉区　包括视觉区、听觉区和机体感觉区。如视觉区位于枕叶内，听觉区位于颞叶内，机体感觉区位于中央沟后面的一条狭长区域内（中央后回）。

（2）运动区　主要位于额叶的中央前回。

（3）言语区　它由较广泛的大脑皮层区组成。在左半球额叶的后下方，靠近外侧裂处，有言语运动区。在颞叶上方，靠近枕叶处，有言语听觉中枢，它与理解口头言语有关。在顶叶交界处，有言语视觉中枢，损坏这个区域将出现理解书面语言的障碍，病人将看不懂文字材料。

（4）联合区　人类的大脑除了具有上述机能不同的区域外，还有范围广泛的、具有不同联合机能的区域，称为联合区，它是更复杂更高级的心理活动的皮层区。

大脑分左右两个半球，两者之间通过由两亿条神经纤维组成的束——胼胝体连结沟通，并于两半球间，以每秒四十亿次的高频高速传导神经冲动。这种高速高频的神经冲动的传导，保证左右半球在机能上的协调统一，使得大脑作为一个整体得以适应其内外环境的变化。但是，人的大脑两半球并不是均等地支配人的活动，大脑两半球机能存在着分工。人们进行不同的活动，大脑两个半球所起的作用是不同的。

科学家通过解剖脑变的患者，追踪研究“裂脑人”“半脑人”；通过测量正常人大脑的血流量以及监视大脑葡萄糖消耗情况等，对大脑两半球机能分工的研究得出了如下结论：对于绝大多数的人来说，大脑左半球主要控制与语言有关的活动，包括控制与调节言语的功能、阅读理解书面语言的功能、书写文字的功能等；控制数学运算的功能（右半球有低级的运算功能，只能做二十以内的加法）；思维活动的特点是：分析性、逻辑性、辐合性，与智力活动的关系密切等。大脑右半球主要有控制空间知觉的功能，包括空间定向、平面与立体图形的感知；深度知觉；辨别各种颜色；音乐感知等；能够识别一些文字，但不能以口头方式表达；思维活动的特点是：直觉性、综合性、发散性，与创造性活动关系密切。大脑两半球机能虽然存在差异，各有分工，但是这种分工不是绝对的。人要完成一个整体性活动，需要两者之间协同配合，密切合作。而且，在机能上每一半球都有一定的代偿另一半球的能力。造成大脑两半球机能分工的原因，既有先天的遗传方面的因素，又有后天的环境（包括教育训练）的影响作用，是两者相互作用的结果。先天遗传的因素为大脑半球机能分工的发展提供了可能性，而后天环境的作用则将这种可能性转化成现实性。

第二节　感觉与知觉

【学习热身：阅读老房子酒吧材料，体会“感觉”在餐饮行业的应用】

“老房子”的怀旧特色

走进“老房子”，果然是“土得掉渣”。不过，既然是“老房子”，自然就是怀旧的。走进“老房子”，就如置身于农舍。

酒吧的木门看上去已经有一把年纪了，被侵蚀得不太平整，有种饱经风霜的感觉，想必是从哪间真正的老房子上拆下来的吧。站在门边把整个酒吧扫视一下，心里很怀疑这就是酒吧的真实面貌。

这里满地铺着灰蒙蒙的青石砖，连吧台也是用青砖砌的。两边墙上故意胡乱地糊着各式报纸。没有电灯，吊着清一色的红灯笼。桌布是很乡土的大红布，而酒吧的吧凳更“过分”，竟全是远久年代用的那种小竹椅。

门里有一架木质的“风车”，听老板说这是农村用来分开谷子和谷壳用的，利用风力把较轻的谷壳吹走。“原理很简单，手工也很粗糙原始，但那上面凝聚了智慧”。所以他专门从江西农村订做了一台回来。旁边还有一块未经雕琢过的大石头，据说是老板某天在韶关过河时一眼发现的“它”，觉得上面经过岁月冲刷后的石纹很美，就不远千里地搬回广州。

老房子酒吧还动用了许多“古董”来装饰。比如二十世纪六七十年代用来播音的大喇叭，还有制成了幻灯片的领导人语录。这些“老”东西充斥着酒吧的每一个角落。唯有一张“年年有余”的九鱼图也许是真正的古董。

老板还真有“农村情结”，酒吧里满眼都是来自中国农村的特产。从天花板吊下来一长串的，是来自河北的大蒜辫子，还有东北的几串玉米。老板坦陈：“我这里用的都是旧东西，就是为了输出一种怀旧特色的服务。”

这真是一个彻底土头土脸的老房子，最现代的只是吧台后那些酒瓶，以及店中两部冰柜。这完全不是常人理解的那种很西式的酒吧，不过如果“泡”腻了现代酒吧，想过一回怀旧瘾，享受一下怀旧的服务，这里也挺不错。听说有不少中年人，包括有些名人也对它情有独钟呢。

一、感觉

1．感觉的概念

感觉是指人脑对于直接作用于感觉器官事物的个别属性的认识。

下面从三个方面阐述感觉。

（1）感觉认识的是事物的个别属性。

（2）感觉所认识的事物必须是直接作用于感官的，如果事物不在眼前，如提起某样东西你知道，则不属于感觉。

（3）感觉是人脑的认识，是人脑对事物的加工，离开人脑就谈不上感觉。

人脑是通过接收和加工事物的个别属性进而认识其整体的。人们对客观世界的认识通常是从认识事物的一些个别的、简单的属性开始的。例如，粉笔，我们用眼睛看，知道它是白色的，形状是圆柱体；用手摸一摸，知道它表面是光滑的；用手掂一掂，知道它有一定的重量。白色、圆柱体、重量就是粉笔这一事物的一些个别属性。眼睛与手表面的皮肤是人的感官，我们将感官接收到的信息传递到大脑，人的大脑对之进行加工，于是就形成了颜色、重量、光滑度等感觉。

感觉虽然简单却很重要，它在人的心理发展及工作生活中意义重大。首先，感觉为我们提供了体内外环境的信息。通过感觉我们能够了解宇宙万物，通过感觉我们能够感受到自己机体的各种状态，如冷热、饥渴。其次，感觉保证了有机体与环境的信息平衡。人们从周围环境获得必要的信息，是机体保证正常生活所必需的。反之，信息超载或不足，都会破坏信息的平衡，对机体带来严重不良的影响。如大城市信息超载，造成信息污染，会使人产生“冷漠”的态度；相反，如果“感觉剥夺”造成信息不足，也会使人痛苦不堪。再次，感觉是一切高级、复杂心理现象的基础，离开感觉，一切高级、复杂心理现象就无从产生。

2．感觉编码

感觉编码（sensory encode），是指将外部刺激的能量转化为神经系统能够接受的神经能或神经冲动的过程。所谓编码就是指将一种能量转化为另一种能量，或者说，将一种符号系统转化为另一种符号系统。例如，发电报就是通过编码，将文字转化为线条和点。我们的神经系统不能直接加工外界输入的物理能量和化学能量，如光波和声波。这些能量必须经过感官和神经系统对其进行能量转换，将其转换为神经系统能够接受的神经能或神经冲动，这个转换过程就是我们所说的感觉编码。

大脑直接加工的材料是外部刺激引起的神经冲动，人脑对神经冲动（信号）的加工是一种译码的过程，人脑通过这种译码、加工某种神经冲动所代表的现实刺激物的特性，帮助人们获得关于外部世界的知识。

感觉编码不仅发生在感官中，而且发生在神经系统的不同层面上。近年来的研究发现，在不同的感觉系统中，神经系统同时采用了特异性编码和模式编码。

3．感觉分类

根据感觉器官的不同，可以将感觉分为八类：视觉、听觉、味觉、嗅觉、肤觉、内脏觉、平衡觉、运动觉。其中前五类感觉因其感觉器官在外面，故又称外部感觉。后三类感觉因其感觉器官在内部，故又称内部感觉。但也有人提出五种感觉以外的“第六感觉”，或称超感觉（extra sensory perception），是通过不同于正常人类感官而获得有关外部世界或未来信息的可能性。研究超感觉的科学称为“异常心理学”（parapsychology）。这种对所谓的特异功能的研究近100年来在学术界引起了不少争议，至今仍未取得一致的结论，承认第六感觉仍需要进一步的科学证据去证明。

4．感受性和感觉阈限

感觉是由刺激物直接作用于某种感觉器官引起的，但是，只有当刺激物达到一定强度才能引起人们的感觉。例如，当灰尘落在我们的皮肤表面时，我们并没有感觉到；平常我们也听不到戴在手上的手表的嘀嗒声。只有当刺激物达到一定强度时，我们才能感觉到它的存在。心理学规定，刚刚能够引起人们感觉的刺激的最小量，称为绝对感觉阈限（absolute sensory threshold），人的感官觉察这种微小刺激的能力称为绝对感受性（absolute sensitivity）。

绝对感受性可用绝对感觉阈限来衡量，即用人能感受到的刺激量的大小来衡量感觉能力。绝对感觉阈限越大，即能够引起感觉所需的刺激量越大，感受性就越小。相反，绝对感觉阈限越小，即能够引起感觉所需的刺激量越小，感受性就越大。因此，绝对感受性与绝对感觉阈限在数量上成反比关系。用符号表示为$E=1/R$。式中，E代表绝对感受性，R代表绝对感觉阈限。

研究发现，绝对感觉阈限值并不是一个固定值，不是绝对不变的，只是一个模糊值，接近阈限值的声音有时听得到，有时听不到。在不同条件下，同一感觉的绝对感觉阈限值可能不同。人的活动的性质，刺激的强度和持续时间，个体的注意、态度和年龄等，都会影响阈限的大小。

人类各种感觉的绝对感受性是很高的，如在黑暗而空气清新的夜晚，人们可以看见48千米外的一支烛光；在安静的环境中可听到6.1米外的手表的嘀嗒声。

二、知觉

1．知觉的含义

知觉是指人脑对于直接作用于感觉器官事物的整体属性的认识。

①知觉认识的是事物的综合属性，是对事物整体的认识。

②知觉所认识的事物必须是直接作用于感官的，如果事物不在眼前，如提起某样东西你知道，则不属于知觉。

③知觉是人脑的认识，是人脑对事物的加工，离开人脑就谈不上知觉。

知觉产生的前提是感觉。感觉是对事物个别属性的反应，知觉是对事物整体属性的反应。且事物的整体属性往往是通过人脑对个别事物的接受和加工而认识的。比如前文提到的粉笔，我们用眼睛看，知道它是白色的，形状是圆柱体；用手摸一摸，知道它表面是光滑的；用手掂一掂，知道它有一定的重量。白色、圆柱体、重量就是粉笔这一事物的一些个别属性。以上都属于感觉，通过感觉我们认识了粉笔的这些特性。当我们再次见到它或者拿起它，粉笔的整体属性如颜色、重量、光滑度等就出现在我们大脑中，于是就形成了知觉。

知觉作为一种认识活动，包括如下几种过程：觉察、分辨和确认。

①觉察（detection）：是指发现事物存在，但还不知道它是什么。

②分辨（discrimination）：是把一个事物及其属性与另一个事物及其属性区别开来。

③确认（identification）：是指人们利用已有的知识、经验和当前获得的信息，确定知觉的对象是什么，给它命名，并把它纳入一定的范畴。

2．知觉类型

根据知觉时起主导作用的感官的不同，可把知觉分成：视知觉、听知觉、触知觉、嗅知觉、味知觉等。如对物体的大小、形状、距离和运动的知觉属于视知觉；对声音的方向、节奏、韵律的知觉属于听知觉。在这些知觉中，除了起主导作用的感官以外，还有其他感觉成分参加。

根据所认识事物的特性，可把知觉分成：空间知觉、时间知觉和运动知觉。空间知觉是对物体的大小、形状、方位和距离的知觉；时间知觉是对事物的延续性和顺序性的知觉；运动知觉是对物体在空间位移和移动速度的知觉。还有一种特殊形态的知觉叫错觉，是对客观事物的一种不正确的知觉，即知觉的映象与客观事物不一致。

3．知觉的特性

（1）知觉的选择性　作用于人的感官的刺激物是多种多样的，但人不可能全都清晰地感知到，因而也就不可能对所有的刺激都作出反应。人在知觉客观世界时，总是有选择地把少数事物当成知觉的对象（object），而把其他事物当成知觉的背景（background），以便更清晰地感知对象，知觉的这种特性称为知觉的选择性。

知觉对某一对象的选择，与注意的选择有关。当注意指向某种事物的时候，这一事物便成为知觉的对象。对象与背景之间互相依赖，对象与背景之间差别越大，对对象的知觉越清晰；对象与背景之间差别越小，越不容易知觉对象。例如课下说话，别人听不清，若在安静的阅览室说话，则会被很多人听到，影响别人学习。但是，还有“鸡尾酒会效应”（cocktail party effect）：在声音嘈杂的晚会上，远处有人说你的名字，你会立即注意到。

对象与背景之间的关系受刺激的空间组合的影响，可以相互转化。如两歧图说明了知觉中对象与背景的相互转化：在以不同的图片部分作为知觉对象时，会看到不同的图片。两歧图既可以看成是一只杯子，也可以看成是两张人脸。如果盯着图中白色部分看就会看到一只杯子，那么白色部分（杯子）就是知觉对象，黑色部分（人脸）就会成为知觉的背景；如果盯着黑色部分看就会看到两张人脸，那么图中黑色部分（人脸）就是知觉对象，白色部分（杯子）就会成为知觉背景（图2-3）。

图2-3　两歧图

对象与背景之间的关系还与时间序列有关。发生在前面的知觉直接影响到后来的知觉，产生了对后面知觉的准备状态，这种现象称为知觉定势。

（2）知觉的理解性　人们根据以往的知识经验知觉新事物的过程。它表现在人们运用已有的知识经验把当前的知觉对象纳入已有的知识系统中。

在知觉中，理解的作用：

①由于理解，我们可以把没有意义的材料赋予其意义。

②由于理解，可以提高知觉的速度。例如，我们知觉“我们热爱科学”，要比知觉“秦雷辞角旁度”快得多。

③由于理解，有助于我们从背景中分离出对象。如两歧图形中，如果我们事先知道它是一只杯子，那么图形的中间部分就容易成为知觉的对象。

④理解还有助于知觉的整体性。在观看某些不完整的图形时，正是理解帮助人们将缺少的部分补充起来。

人的情绪状态对知觉的理解性也有影响。当一个人处于愉快的心境下，他会感到一切都很顺眼，因为这时候他看到的总是事物美好的一面；而当一个人有烦恼时，就会觉得什么东西都不顺眼，因为这时候他看到的总是事物不好的一面。

（3）知觉的整体性　把具有不同属性的各部分组成的对象知觉为一个统一的整体。知觉的这种特性称为整体性。例如，我们把（图2-4）知觉为一个平行四边形，而不是四条线段。

图2-4 平行四边形

在知觉活动中，人们对整体的知觉优先于对组成成分的知觉。内温（Navon，1977）的实验，给被试呈现由小字母“S”和“H”组成的大字母“S”和“H”，要求被试作两种反应：局部反应和整体反应。局部反应是要求被试判断小字母是“S”还是“H”；整体反应是要求被试判断大字母是“S”还是“H”。结果发现，在局部反应时，小字母与大字母一致的反应时较不一致时要快；而在整体反应时，则不受小字母的影响。也就是说，在作局部反应时，受到了大字母（整体）的影响，而在作整体反应时，则不受小字母的影响。内温称这种现象是“整体优先（global precedence）”，即整体水平的加工先于局部水平的加工。格式塔心理学家对知觉的研究，提出整体知觉的组织原则。

①接近性（proximity）：凡距离相近的物体容易被知觉组织在一起。

②相似性（similarity）：凡形状或颜色相似的物体容易被知觉组织在一起。

③连续性（continuity）：凡能够组成一个连续体的刺激容易被看成一个整体。

④封闭性（closure）：人们倾向将缺损的轮廓加以补充，使知觉成为一个完整的封闭图形。

⑤良好图形（goodness）：单纯的、规则的、左右对称的，容易被看成是一个整体。

（4）知觉的恒常性　在一定的范围内，当知觉的条件或对象发生变化的时候，知觉的映象仍保持不变。知觉的这种特性称为知觉的恒常性。

①大小恒常性：当一个物体离我们远近距离不同，根据网膜成像的原理，物体离我们越远，成像越小，离我们越近，成像越大。但这与我们实际上知觉的映象并不一致，事实上，在一定距离内，不论物体离我们远还是近，我们所知觉到的某个物体的大小是不变的。

②形状恒常性：当我们从不同角度观察同一物体时，物体在网膜上投射的形状是不断变化的，但是我们知觉到的物体的形状并没有出现很大的变化，这就是形状恒常性。

③颜色恒常性：一个有颜色的物体在色光照明下，它的颜色并不受色光照明的影响，而保持相对不变。如，用红光照射白色物体的表面，我们看到的物体表面不是红色，而是红光照射下的白色。再如，室内家具在不同颜色灯光的照明下，其颜色保持相对不变。

④明度恒常性：在照明条件改变时，我们仍倾向于把物体表面的明度知觉为不变。例如，白墙在阳光和月光下看，都是白色的；而煤块在阳光和月光下看，都是黑色的。从物体反射的光量来看，阳光是月光的80万倍。尽管煤块在阳光下反射的光量比白墙在月光下反射的光量多得多，但煤块在阳光下仍然是黑色的，白墙在月光下仍然是白色的。可见，我们看到的物体明度，并不取决于照明条件，而是取决于物体表面的反射系数。

研究表明，视觉线索和人已有的经验在知觉恒常性中起相当重要的作用。视觉线索是指环境中的各种参照物给人们提供的物体距离、方位和照明条件等方面的信息。

知觉的恒常性对人们的正常生活和工作有重要意义，它可以使我们在不断变化的环境下，仍然保持对事物本来面目的认识，保持对事物的稳定不变的知觉，使我们更好地适应不断变化的环境。如果人的知觉随着客观条件的变化而时刻变化的话，那么要想获得任何确定的知识都是不可能的。

（5）空间知觉　空间知觉是对物体的形状、大小、远近、方位等空间特性的知觉，它是多种感受器协同活动的结果，如视觉、触觉、动觉都对空间知觉的获得起着重要的作用。

（6）形状知觉　形状知觉简单说就是对物体形状的知觉，它是视觉、触觉、动觉协同活动的结果，它们的协同活动，提供了物体形状的信息。“大千世界，色形而已”。我们要认识世界，就必须分辨物体的形状。形状知觉是人和动物共有的知觉能力，但人的形状知觉是不同于动物的，如人能识别文字，分辨各种复杂的表情等。

①形状的特征分析：心理学家认为，对形状的分析开始于对原始特征（primitive feature）的分析与检验。原始特征就是一些最基本的特征，这些原始特征包括：点、线条、角度、朝向和运动等。视觉系统对这些特征的检测是自动的，无须意识的努力，如有人做过的一个视觉搜索（visual search）的实验证明了这一点。给被试呈现一组图形，要求其判断其中是否有目标图形。目标图形是“O”，而周围图形是“V”。实验结果是被试能够很快发现“O”，而且“V”的数目不影响检测“O”的速度。这是因为目标图形是曲线，而背景图形是直线。它们的差别发生在原始特征水平上，检测这些特征是自动化的。在这种情况下，视觉系统不需要注视每个图形，图形的原始特征似乎是自动跳出来（pop out）的。因此与数量多少没有关系。对图形的原始特征的分析，是由视觉系统的特征检测器来完成的。

②图形识别：人们利用已有的知识经验和当前获得的信息，确定知觉到的图形是什么，称为图形识别（pattern recognition）。这是比特征分析更高的一个阶段。图形识别要求人们对复合特征进行加工，这种加工具有序列搜索的特点。复合特征就是刺激物至少具有两个特征。仍用视觉搜索的实验，如果要求被试在绿色“O”和红色“V”中搜索红色“O”（目标），这时被试只搜索“O”的圆形特征或红色特征就不够了，必须同时搜索具有这两种特征（复合特征）的目标，结果是被试对目标的搜索时间随背景中项目数量的增加而明显延长。这说明被试的搜索是序列的，而不是并行的。

人们对图形的识别不仅依赖于当前的信息，而且依赖于人们已有的知识经验。当人们期待某种图形时，这种期待将使对图形的识别更容易。如我们先呈现一个单词“学生”接着再呈现另一个单词“教师”，由于两个单词间存在语义的联系，那么前面呈现的单词将使对后面单词的识别加快，这种现象称为启动（priming）现象。

三、感觉与知觉的关系

感觉是人脑对事物的个别属性的认识，而知觉是对事物整体属性的认识；知觉要比感觉复杂得多，知觉不是感觉的机械相加。

感觉和知觉同属于认识过程的初级阶段，即感性认识阶段，都是对当前事物的直接认识；感觉是知觉的基础，知觉是多种感觉的有机综合。知觉是按一定方式来整合个别的感觉信息，并根据个体经验来解释感觉信息的。人所感觉到的事物的个别属性必须具体到某种事物上，离开具体的事物，抽象的属性是不存在的。例如，我们感觉到“绿色”这一属性，一定会把它与具体事物，如树叶、青菜、草坪等联系起来，抽象的绿是不存在的。对于先天性的盲人，无论怎么解释，他们也不会感受到颜色的。

第三节　注意、记忆和遗忘

一、注意

1．注意的概念

注意就是心理活动对一定对象的指向和集中。

注意是大家熟悉的一种心理现象，如学生上课时专心地听讲，仔细地观察挂图，聚精会神地思考老师提出的问题。这里，专心、仔细、聚精会神都是描述人的注意状态的。当人处于注意状态时，其心理活动总是指向一定的对象：或者观察某一事物，或回忆某件往事，或思考某个问题，或想象某种形象，不进行任何心理活动的注意是不存在的。

注意不是一种独立的心理过程，而是伴随着其他心理过程的发生而发生的。心理活动中的任何一种过程，如感觉、知觉、记忆、思维、想象等都离不开注意。注意这一活动本身并不反映着什么，因为当我们在注意着什么的时候，我们也就感知着什么，记忆着什么，想象着什么，思考着什么。我们平常说“注意来往车辆”，应该是“注意看来往车辆”，这里把“看”给省略了。

人在清醒状态下，心理活动总是指向于某种事物，也就是说，注意这一心理活动总是在进行着。我们平常说“不注意”，实际上是说某个人没有注意应该注意的事物，而注意了其他无关的事物。例如，说某个学生上课没有注意，其实他并不是真的没有注意，只不过是没有把注意力集中到听课上，而是把注意力指向与上课无关的事情上去了。

注意的对象既包括外部世界的对象和现象，也包括自身的身体和思想。

2．注意与意识的关系

意识是指人们能够清醒觉察的心理状态，意味着清醒、警觉、注意集中等，意识的内容主要是指人们可以用语言报告出的东西，如对幸福的体验，对痛苦的感受，对往事的回忆等。

两者活动的机制不同，与意识相比，注意更为主动和易于控制，注意提供的是一种机制，它决定什么东西可以成为意识的内容，而什么东西不可以。当人们将某些东西纳入意识中去的时候，常常包含了无意识的过程。人们选择注意的内容的时候，既有有意识的，也有无意识的。两者活动的内容不同，注意是一种心理活动或心理动作，意识主要是一种心理内容或体验。假如把人脑比作一台电视机的话，注意就是对电视节目进行选择的过程，而意识则是出现在电视屏幕上的内容。

注意和意识又是密不可分的。当人们处于注意状态时，意识的内容比较清晰。人即使在觉醒状态下，也不能意识到所有的外部刺激、事件和自己的行为，而只能意识到其中的一部分。人的注意指向的内容，一般处于意识活动的中心。

3．注意的功能

在注意指向某个对象之前，或有意识地加工某种输入的信息之前（前注意阶段），某些不受意识控制的自动化的信息加工就已经开始了。但是要维持心理活动的持续进行，对输入的信息进行精细的加工和处理，则必须是在注意的状态下，才能完成。

（1）选择功能　注意的实质是选择有关的刺激物而抛开无关的刺激物。对有关刺激物的选择一般是根据主体的需要，选择有意义的、符合需要的、与当前活动相一致的刺激，而避开其他无关的刺激。

（2）保持功能　当心理活动发生以后，使这种心理活动持续下去，注意使对象维持在意识状态中，得到清晰、准确的反映，直到达到目的为止。

（3）调节和监督功能　注意调节和控制人的心理活动向一定的目标进行。在注意状态下人们才能有效地监控自己的动作和行为，从而达到预定目的，避免失误，顺利完成相应的工作任务。

4．注意的分类

（1）无意注意　无意注意也称不随意注意，是事先没有预定目的，也不需要意志努力的注意。如马路两旁的鲜花、广告、晚上的霓虹灯等容易成为无意注意的对象，吸引你的注意力；在安静的教室里大声说话容易被注意，等等。在这种情况下，我们对要注意的东西没有任何准备，也没有明确的认识任务，注意的引起不是依靠意志努力，而主要取决于刺激本身的性质。

引起无意注意的原因主要有以下几方面。

- 刺激物的强度：强度大的刺激物容易成为注意的对象，如明亮的光线、强烈的声音、巨大的声响、强烈的气味等都容易引起人们的无意注意。因此，学校要远离闹市、教室布置要简洁等。
- 刺激物之间的对比关系：刺激物之间在强度、大小、形状、颜色等方面差别越明显，就越容易引起人的无意注意。例如，许多圆形中的一个正方形（形状），鹤立鸡群的鹤（大小），万绿丛中一点红（颜色），等等，这些易引起人的无意注意。
- 刺激物的活动与变化：活动和变化的刺激比静止不动的刺激易引起人的注意。例如，晚上大街上的霓虹灯，救护车、救火车、警车顶上的标灯与声音，课堂上做小动作的学生，等等。
- 刺激物的新异性：新奇的东西容易成为人们注意的对象，而千篇一律的、刻板的、司空见惯的东西就不容易引起人们的注意，对此人们常常熟视无睹。儿童的好奇心常常是从对新奇东西的注意开始的。

（2）有意注意　有意注意也称随意注意，是有预定目的、需要做出一定意志努力的注意。有意注意一般与困难的活动联系在一起。它是有预定目的的注意，是需要意志努力的注意，是更高级的注意，如排除干扰的学习，艰苦的劳动，科研、创作，等等。

二、记忆

1．记忆的含义

记忆是过去经历过的事物在人脑中的反映。记忆是人脑对过去经验的储存和提取，是人脑对过去经验的保持和再现。记忆是在头脑中积累和保存个体经验的心理过程，从信息加工的观点看，记忆是人脑对外界输入的信息进行编码、储存和提取的过程。编码相当于识记，储存相当于保持，提取相当于再认或回忆过程。

不仅认识到的事物的映象能保存在人的头脑中，而且体验过的情感以及做过的动作和行为都可以保存在人的头脑中，人们可以根据活动的需要重新提取出来。通过记忆人们不仅可以储存感知过的形象及学习过的理性知识，也可以记住已形成的操作技能，重现体验的情感。

记忆是一种复杂的心理过程，它包括识记、保持、再认或再现三个环节，三者是彼此密切联系的统一过程。记忆是人的一切心理活动的基础，人们的一切活动，从简单的感知、观察到复杂的思维、想象，从学习、劳动到发明创造，所有这些活动只有在记忆的基础上才能进行。一个人失去记忆能力，一切心理活动都不能发展。

2．记忆的种类

根据记忆的内容不同，记忆可分为以下四种：

（1）形象记忆　形象记忆就是以过去经历过的事物的形象为内容的记忆。它可以帮助我们记住事物的具体形象，包括事物的大小、形状、颜色、声音以及物体的活动变化等，如人物的音容笑貌、音乐的旋律、各种气味和味道等，它们是以表象的形式在头脑中存储的。形象记忆又可以根据主导分析器的不同分为视觉形象、听觉形象、味觉形象等记忆。从事不同职业的人所擅长的形象记忆也是不同的，如画家擅长视觉形象记忆，音乐家则擅长听觉形象记忆，美食家则擅长味觉形象记忆。

（2）语词逻辑记忆　又称语义记忆，是指以概念、公式、理论、推理等为内容的记忆。它是人类所特有的，具有高度的理解性、逻辑性的记忆。例如，对数理化中的定义、公式、定理等的记忆，对哲学、逻辑学等社会科学中的理论、概念、推理等的记忆，都属于这种记忆。

（3）情感记忆　以过去体验的情绪、情感为内容的记忆。例如，看过的电影、小说，你与作品中的人物发生情感共鸣，你对作品中人物的喜怒哀乐的记忆，与亲人久别后相逢的快乐激动的心情。“一朝被蛇咬，十年怕井绳”，这说明被蛇咬的恐惧情感会长时间保持在头脑中。

（4）操作记忆　又称运动记忆、动作记忆，是对过去做过的运动或操作动作的记忆。这种记忆是技能、技巧、技术和习惯动作形成的基础，如体操、跳水、舞蹈运动员等的动作的形成，实验操作规程的学习等都离不开操作记忆。操作记忆是运动动作的形象、动作的程序和对肌肉、骨骼、关节活动的精细控制等一系列活动的记忆。在人们的生活、学习、劳动中，各种技能的形成和发展都靠操作记忆。

图尔文（Endel Tulving，1972）将长时记忆分为两类：情景记忆和语义记忆。

①情景记忆（episodic memory）：是指人们根据时空关系对某个事件的记忆。这种记忆与个人亲身的经历分不开，如人们对自己参加某次聚会的记忆，对游览某个景点的记忆。由于该记忆受一定的时间空间的限制，信息的储存容易受到各种因素的干扰，因而不够稳定。

②语义记忆（semantic memory）：是指人们对一般知识和规律的记忆，与特殊的地点、时间无关，如人们对单词、符号、公式、概念、定理等的记忆。该记忆受规则、知识、概念和词的制约，较少受外界因素的干扰，因而比较稳定。

根据记忆过程中意识参与的程度，格拉夫（Graf）和沙克特（Schacter）（1985年首次明确使用）将记忆分为内隐记忆和外显记忆。

①内隐记忆（implicit memory）：是指个体在无意识的情况下所进行的记忆，又称自动的无意识记忆。

②外显记忆（explicit memory）：是指个体在意识控制下进行的记忆，又称受意识控制的记忆。

根据材料组织的性质，安德森（Anderson）(1980）将记忆分为陈述性记忆和程序性记忆。

①陈述性记忆（declarative memory）：是指对有关事实和事件的记忆。它可以通过语言传授而一次性获得，它的提取往往需要意识的参与，如我们在课堂上学习的各种课本知识和日常的生活常识都属于这类记忆。

②程序性记忆（procedural memory）：是指如何做事情的记忆，包括对知觉技能、认知技能和运动技能的记忆。在利用这类记忆时往往不需要意识的参与，例如，一项运动技能的形成，先前的动作要领的学习是陈述性记忆，动作技能形成以后，形成了某项动作后的操作动作是程序性记忆。

三、遗忘

（一）遗忘曲线（the curve of forgetting）

遗忘曲线是德国心理学家赫尔曼·艾宾浩斯（H.Ebbinghaus）的研究。他在1885年发表了著名的著作《关于记忆》，使他成为第一位对记忆这种高级心理过程进行定量研究的心理学家。使用的材料是无意义音节（中间一个元音，两边各一个辅音构成），主要是为了避免已有的经验产生意义的联想对记忆保持量造成干扰。他将实验的结果绘成曲线，即遗忘曲线（图2-5）。

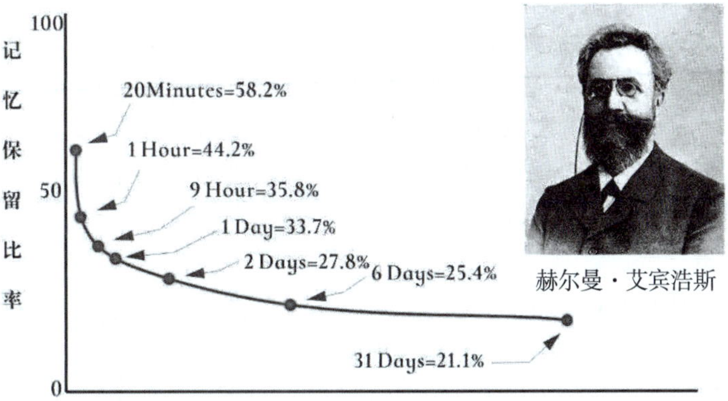

图2-5 艾宾浩斯遗忘曲线

从曲线上可看出，遗忘在学习之后立即开始，遗忘的进程是最初进展得很快，以后逐渐减慢，一句话概括：先快后慢。

陆志伟（1922）用不同的测量方法，如再认、再学、重建和回忆四种方法，测量被试学习无意义音节的保持量，发现，再认的保持量最多，回忆的保持量最少。曹日昌用不同的材料如诗词、抽象词和无意义音节测量保持量，画出遗忘的曲线。结果发现，有意义的材料如诗歌比无意义材料保持得要好，时间要长久。

（二）遗忘的原因

1．痕迹衰退说（decay theory）

该理论认为，遗忘是由于记忆的痕迹得不到强化而逐渐减弱，以致最后消退的结果。这种说法比较容易理解，因为一些物理、化学的痕迹随时间推移也是消退的。但该学说很难用实验加以证实，因为在一段时间内保持量下降，很难说没有其他因素的干扰。

2. 干扰说（interference theory）

该理论认为，遗忘主要是由于在学习和回忆时受到了其他刺激的干扰，一旦干扰被排除，记忆就可以恢复。干扰主要有两种：

①前摄抑制（proactive inhibition）：是指前面学习的材料对后学习材料的抑制作用。安德伍德（Underwood，1949）对此进行了实验。要求两组被试学习字表：第一组在学习前进行了大量类似的学习；第二组没有进行这种学习。结果表明，第一组只记住了字表的25%，而第二组则记住了70%。

②倒摄抑制（retroactive inhibition）：是指后面学习的材料对前面学习材料的抑制作用。缪勒和皮尔扎克（Muler & Pilzecker，1900）首先发现这种现象。他们让被试识记无意义音节，然后休息5分钟，再进行回忆，结果回忆率是56%。如果被试在这期间从事了其他活动，回忆率只有26%。这说明后面从事的活动对前面的学习起了干扰作用，导致成绩下降。还有詹金斯和达伦巴赫的实验（Jenkins&Dallenbach，1924），要求被试识记10个无意义音节达到背诵的程度。然后，一组被试立即入睡，另一组被试照常进行日常工作。结果表明，照常工作组的回忆成绩低于立即入睡组。

倒摄抑制还受前后两种学习材料的相似程度、难度、时间安排、识记的巩固程度等条件的影响。研究表明，在学习材料由完全相同向完全不同逐步变化时，倒摄抑制的作用也随之逐渐变化：开始时抑制作用逐步增加，材料的相似性减小到了一定程度时，前后两种学习材料相似但本相同，最容易发生混淆，抑制作用最大；此后抑制作用便逐渐减低，到两种材料完全不同时，抑制作用就最小了。如果前后两种学习材料完全相同，后面的学习就是复习，不会产生倒摄抑制。先学习材料的巩固程度越低，受倒摄抑制的影响越大。

对一段较长材料的学习，往往是两端记忆的效果比较好，中间效果差，就是因为中间受到了两种抑制的影响。

3. 压抑说

该理论认为，遗忘主要是由于情绪或动机的压抑作用引起的，如果这种压抑被解除，记忆就能恢复。如西格蒙德·弗洛伊德（图2-6）在给精神病人做催眠时发现，许多病人能回忆起早年生活中的许多事情，而这些事情平时是回忆不起来的。他认为，这些经验被压在潜意识中，回忆他们时会使人产生痛苦，于是就拒绝它们进入意识，如电影《爱德华大夫》中的病人。日常生活中，也会碰到由于情绪紧张而无法回忆的情况，如在考场上。

图2-6 西格蒙德·弗洛伊德

四、如何克服遗忘

（1）及时复习　在记忆后，大规模的遗忘还没有开始之前进行复习效果最好。

（2）经常复习。

（3）复习形式多样化　复习不是简单机械地重复，每次复习都应增加新的内容，要进行积极的思维活动。

（4）合理分配复习时间　连续进行的复习称为集中复习；复习之间间隔一定的时间称为分散复习。许多实验证明，分散复习要比集中复习效果好。

第四节　表象、想象和思维

一、表象

1．表象的含义

表象（representation）是指在头脑中保存的关于事物的形象，是对事物的一种知识表征。人的思维不仅要借助于概念来进行，也要借助于表象来进行。

表象不同于知觉形象。表象是在知觉形象基础上产生的，两者之间有相似之处，如都比较直观、具体。但是表象和知觉的形象又有所不同，表象比知觉形象更概括一些。知觉的形象鲜明生动，而表象的形象却比较暗淡模糊；知觉的形象完整，表象的形象不完整；知觉的形象持久稳定，表象的形象不稳定。例如，一棵树的表征不如具体某一棵树的知觉形象鲜明，它的形状、颜色和大小都不很清楚，而且表象的复现常常不够完整，如我们一会儿想到树干，一会儿想到树枝等。

2．表象的种类

（1）根据表象产生的通道分类　视觉表象、听觉表象、嗅觉表象、味觉表象、触觉表象、动觉表象如体育活动的动作，等等。

（2）根据表象创造性程度不同分类　知觉表象，感知事物时在头脑中留下的形象；记忆表象，是指在记忆中保持的客观事物的形象；想象表象，是指对头脑中已有表象进行加工后形成的新形象。这些形象可能是人们从未感知过的，或者是世界上根本不存在的。

（3）根据表象的概括程度分类　个别表象，或单一表象，是反映某一具体客体的形象；一般表象，反映一类事物的共同特征的表象。

3．表象的特征

（1）直观性　表象是在知觉的基础上产生的，构成表象的材料均来自过去知觉过的内容，是以生动具体的形象在头脑中出现的。

（2）概括性　表象是人们多次感知的结果，它不表征事物的个别特征，而是表征事物的大体轮廓和主要特征，它是关于某个事物或某类事物的概括形象。例如，“马”的表象，头脑中出现的不是某一匹具体的马，而是马的大体形象：高高的头，长长的尾巴，四条腿，颜色可能是白色的，也可能是红色的，可能是奔跑的，也可能是站立不动的。

4．表象的作用

（1）表象与词在心理活动中的双重编码　最早提出双重编码说的是佩威奥（Paivio，1974），他认为长时记忆的信息是以视觉表象和言语表征两种形式存储的。信息在大脑中可以以词进行编码，也可以以表象进行编码，在一定条件下，表象和词可以互相转换（互译）。

（2）凭借表象进行思维操作　表象思维即形象思维，就是凭借表象进行的思维操作。路海东在《现代学习理论与学习心理分析》中阐释了库柏和谢帕德（Cooper，R.Shepard，1973）的“心理旋转实验”，实验中，使用的实验材料是旋转角度不同的字母R，呈现的字母有时是正写的，有时是反写的。被试的任务是判断字母是正写还是反写的。结果是从垂直方向旋转的角度越大，作出判断所需时间越长。对这一结果解释为：被试首先必须把呈现的字母在头脑中进行旋转，直到其处于垂直位置，然后才能作出判断。此结果反映的是被试进行心理旋转——表象操作所用的时间上的差异。证明了表象操作的存在，说明人们在完成某种作业时确实可以借助于表象进行思维。

（3）表象为概念的形成提供了基础　表象是认知过程的一个重要环节，它既有直观性（接近知觉），又有概括性（接近思维）。首先，表象可以脱离具体事物，脱离了感知觉的局限性，为概念的形成奠定了感性基础。例如，对于“树”的概念，我们可以用各种各样的树的具体形象来说明。其次，表象的形成还有利于对事物进行概括。只有儿童头脑中有了各种各样的树的表象，在概括“树”的概念时才会更容易。

（4）表象促进问题解决　表象的形成会有利于问题的解决。例如，在进行逻辑推理时，表象有重要的作用。休腾洛切尔等人（Huttenlocher 等，1968）的实验：汤姆比迪克高，哈里比汤姆高，问谁最高?

二、想象

1．想象的概念

想象是对头脑中的已有表象进行思维加工，形成新形象的过程，是一种高级的认识活动。

想象所形成的形象不是一般形象，而是新形象，是大脑所没有感知过的。没有到过大草原，但当你读了“天苍苍，野茫茫，风吹草低见牛羊”的诗词时，头脑中就会浮现一幅草原牧区的景象。

想象的材料来源是表象，而表象则来源于实际生活和过去经验。想象的形象不管离奇到什么程度，构成新形象的材料最初都来自客观现实，如牛头马面、猪八戒、孙悟空、美人鱼等形象。

2．想象的作用

（1）预见的作用　想象能预见活动的结果，指导人们活动进行的方向。科学家的发明创造，工人的技术革新，学生的学习都离不开想象。

（2）使人超越时空的限制去获得更多的知识，如历史上的重大事件，月球上的知识等。

（3）对机体的生理活动有调节作用　想象能改变人体外周部分的机能活动，如人们可以通过想象调节心跳的速率，有人能调节体温，可以使左右手温度不一。当你想象“跟在汽车后面奔跑”，心跳会加快，想象“自己安静地躺在床上”，心跳会变慢。

3．想象的形式

（1）黏合　就是把客观事物中从未结合过的属性、特征及不同的部分结合在一起而形成新形象，如文学作品中的美人鱼、人面狮身等，科学发明上如水陆两用坦克等。

（2）提炼典型　即根据一类事物的共同特征创造新形象，如文学作品中的人物形象阿Q、孔乙己等，鲁迅关于“人物模特儿”的说明，高尔基关于“小商人”的论述。

（3）夸张或强调　通过改变事物的正常特点，故意突出或省略事物的某些特点而形成新形象，例如，千手观音、哪吒的三头六臂、大人国、小人国等。

（4）提出假设　根据已有的材料提出合理的假设而形成新形象，如原子的模型、光的波粒二象性、哥德巴赫猜想等，都是在假象的基础上经科学证明其正确性的。

4．想象的种类

根据想象过程中是否有预定目的、是否经过意志努力，可分为无意想象和有意想象。

（1）无意想象　是没有特定目的，也不需要经过意志努力，不自觉进行的想象，如看到天上的云层，我们会自然而然地想到它像奇峰异兽，像大海，像草原等。

梦是一种典型的无意想象。

梦是伴随睡眠而出现的正常现象，梦境的内容是过去经验的奇特结合。弗洛伊德（Freud）在1900年出版的《梦的解析》一书，认为梦是“被压抑的性本能欲望的象征性满足”。白天人的欲望被意识压抑，埋藏到潜意识中去了，到了夜晚，意识的压抑力量放松，白天的欲望乘机得到发泄，于是做梦了。但是，梦依然受到意识的制约，因此，潜意识的冲动是经过化装而表现出来的。所以，梦是人的本能欲望的伪装、象征性的满足。弗洛伊德关于梦的解释心理学界是存在争议的，但有一点是可以肯定的，即做梦时意识的控制作用减弱了，其他方面则缺乏科学依据。

做梦是人脑的正常活动，是思维体操。人脑处于睡眠状态，某些部位仍在兴奋活动，对内外刺激仍会作出一定的反应，于是人就做梦。例如，儿童时期常梦见找厕所，是由于内部刺激——尿水充满膀胱所致。冬天把脚伸出了被子外面，就会做涉水过河、凉水刺骨的梦。听见汽车响，会梦见自己坐在汽车上。

有时候很难找出做梦的直接动因，只能理解为大脑皮层原有痕迹的复活，也就是常说的“日有所思，夜有所梦”。

做梦是正常现象，是人脑的正常活动。研究证明，睡觉时的脑电波有两种。快波睡眠：脑电频率高，血压升高，心跳加快，眼球在快速转动（50次/分），在这一阶段做梦；慢波睡眠：脑电频率低，幅度大，心跳慢，在这一阶段不做梦。做梦是大脑正常的生理功能的表现，不仅无害，反而有益。不要相信江湖上的“解梦术”“圆梦术”之类的无稽之谈。

（2）有意想象　是指有预定目的，需要经过一定意志努力的想象，包括：再造性想象、创造性想象和幻想，如作家的创作，画家的构思等。

①再造性想象：根据语言的描述或图样、符号的记录等在头脑中产生新形象的过程。再造，即别人已创造过了，根据别人创造的成果产生新形象。再造性想象是人们获得间接经验、获得知识的重要途径，是学生理解和掌握知识不可缺少的条件。知识是间接经验的概括，人类不可能也不必要去体验、感知所有的知识，而主要是教师借助于书本、语言、图表、模型、符号讲授的。知识只有在学生头脑中形成相应的形象，才能真正被理解和掌握，否则，只能停留在机械记忆的水平上。

任何再造性想象的形成均要求有关的表象和思维的组织作用。缺乏表象，想象就没有基础，新的表象究其根源无从谈起，想象就不可能产生。但想象也不是表象的堆砌，而是按照一定目的任务进行的，言语思维对表象起着组织、支配、规划的作用。因此，“有意想象是在词的指导下进行的形象思维的过程”。

②创造性想象：是指根据一定的目的任务，不依据现成的描述而独立地创造出新形象的过程，其特点是：新颖、独创、奇特。如作家创作的新的人物形象、科学家提出的新理论、实验研究的成果、技术革新，等等。如姚雪垠的作品《李自成》中在商洛山中与部将郝摇旗分手的情节，是受三件历史事件的启发创作出的：一是郭子仪单骑见回纥；二是伊丽莎白女王不带兵去西班牙救自己的儿子；三是军阀孙殿英把钱和武器赠送给叛离的部下。

创造性想象的新形象必须是前所未有的，因此，它比再造性想象要更复杂、更困难，它需要对已有的表象材料进行深入的分析、综合、加工、改造，在头脑中进行创造性构思，是一项复杂的脑力劳动。

③幻想：是指向未来并与个人愿望相联系的想象。第一，幻想所产生的是个人所希望或所向往的事物的形象。创造性想象的形象有些不是创造者所愿望的，如悲剧人物。第二，幻想没有预定目的，不一定以客观规律作依据，因而不一定具备实现的可能性，有些仅仅是想象而已。

幻想可分为积极的幻想和消极的幻想。积极的幻想又称科学的幻想，对于人们的工作和活动有推动作用，许多科学发明创造都与科学幻想联系在一起。而消极的幻想是完全脱离客观现实的发展规律、毫无实现可能的幻想，一般称为空想。例如，有人幻想长生不老，到处寻找灵丹妙药；彩票都不买，却天天幻想中了五百万怎么会花；等等，这些都是不切实际的、永远不能实现的空想。

三、思维

（一）思维的概念

思维就是人脑对客观事物的概括和间接的认识，是对事物的本质和规律的认识。

人脑不仅能认识事物的外部现象和外部联系，如感觉认识的是事物的个别属性，知觉认识的是事物的整体属性，记忆是对输入信息的编码、储存、提取的过程，人脑也能够认识事物的内在联系和规律。人脑可以对输入的信息进行更深层次的加工，揭示事物之间的联系，形成概念，并利用概念进行判断、推理，解决各种问题。一般说来，感知活动是思维的基础，人们只有在大量感知及记忆的基础上，才能进行思维。思维是更高级的认知过程。

（二）思维的特征

1．间接性

思维对感官所不能直接把握的事物，借助于某些媒介与头脑加工来进行认识。思维可以使我们超越时空的限制去把握感官所不能直接感知的事物。如人的感觉器官的生理结构与机能的限制，自然界的许多现象，感官不可能直接感知到，如视觉器官只能看到390～790纳米的光波，对于紫外线和红外线是看不到的；同样，视觉器官只能看到16～20000赫兹的声波，超声波和超短波也是听不到的。对于这些人类感官不能直接感知的自然现象，只能借助于某些媒介（仪器）与头脑加工来认识。

2．概括性

一是人可以找到一类事物的共性，如人们可以把大小、形状、颜色不同的、但能结出果实的树，统称果树，把杨树、柳树、苹果树统称树。二是把具有共性的事物推广到具体事物身上，如解剖一只青蛙，你就可以知道所有青蛙的生理结构；一种新药要先在动物身上试用后，看其效果如何，才能逐渐推广应用到人身上。

3．问题性

人的思维活动往往是从发现问题和解决问题开始的，即思维活动具有问题性。

（三）思维的种类

1．以个体发展水平，可把思维分为以下三种

（1）直观动作思维　以眼前直接操作的动作为基础进行的思维。如幼小儿童的思维，在眼前正在进行的活动中思维，离开眼前的活动，其思维也就随着转移，如数苹果、做加减运算等。

（2）直观形象思维　凭借事物的具体形象和表象的联想来进行的思维。如学前儿童的思维常常是列举个别事例。有人实验：问儿童“马是什么？”小班儿童的回答是：“马是我能骑的，我看见解放军叔叔骑马。”“马会拉车。”中班儿童的回答：“马有高高的头，长长的尾巴，四条腿”。等等。

（3）抽象思维　借助于语言，以概念、判断、推理的形式进行的思维，是人类所特有的。

儿童的思维发展经历了上述三个阶段，成人也具有上述三种思维。

2．根据内容，思维可分为以下两种

（1）经验思维　以自己的已有经验或形象为内容进行的思维。早晨起床后，看到地面潮湿，树叶上挂着水珠，推想昨晚一定下雨了。这种思维易出现偏差。

（2）理论思维　以理性知识为内容进行的思维。如解答问题，数学推理等。

3．根据过程是否被清晰地意识到，可把思维分为以下两种

（1）分析思维　主体能明确地意识到思维的过程，并按一定的程序进行的思维。如做几何证明题等。

（2）直觉思维　主体没有明确地意识到自己的思维过程，却对某些问题，直接迅速地作出判断的思维。如医生判断疾病，科学家提出猜想等。

4．根据解决问题时的方向性，思维可分为以下两种

（1）发散思维　对于一个问题从多方面探求答案的思维形式。从问题的多种角度着眼，搜寻各种可能性，充分发挥想象力，它是创造力重要组成部分，是主导成分。

（2）辐合思维　根据一定的知识或事实以求某一问题最正确答案的思维方式。例如，现在的教学模式，主要培养的就是学生的这种思维形式。

5．根据是否具有创造性，思维可分为以下两种

（1）习惯性思维（常规、再生性思维）　运用已有的知识经验，按现成的方案和程序直接解决问题。例如，要求学生按老师讲过的理论公式去做题。

（2）创造性思维　运用新颖的、独创的方法去创造性地解决问题的思维活动。科学的发明创造都是创造性思维的结果。

【拓展与应用：阅读意境菜材料，分析表象、想象和思维三者的关系在餐饮消费心理和营销中的应用】

意境菜

北京有家饭店，“意境菜”最为出色。其菜品，构图、布局、疏密、情韵，独家复独佳。色形之外，又重香味、滋养。这种滋养，不仅是身体滋养，而且是心灵滋养。大家知道，每种花，都有其独特的“花语”，于是这花就有了内涵；菜也一样，如果每道菜都有其迷人的“诗语”，这道菜就品位极高。

譬如，清汤鸭舌羊肚菌，这道菜的“诗语”是“明湖映天光”。“明湖”指清汤，这个好理解。“鸭舌”喻指“天”，就有点儿难懂。原来，温州人因温州话中“舌”与“亏”同音，温州人不乐意“吃鸭亏”，于是就改叫“吃鸭赚”，那么“鸭赚”与“天”又怎么联系呢?“鸭赚”虽小，有赚就是“天”，这个“天”渗透着浙商温帮的独特智慧。羊肚菌属珍稀菌种，天然、稀少，因酷似羊肚得名，其表面凹凸不平，取其反义，曲折之后便见“光明”。连读这道菜的“诗语”——“明湖映天光”，意蕴深远，正反转化，况味深厚。

再如，红花汁炖鳘肚公，这道菜的“诗语”是“日上花梢，莺穿柳带，犹压香衾卧”。它是以“红花汁”炖幼滑糯软的“鳘肚公”，上有花鸟诗情，下卧海珍富贵，画面感很强。“衾”音qīn，被子也，喻指公的鲍参翅肚的肚（乃鱼肚极品）。美食家称，公鳘肚比母的肉质更丰厚爽脆，香浓意远。因而这里的“香衾”之谓，最为恰当妥帖。

情景交融、虚实相生的菜肴“诗语”，无疑活跃着生命律动的韵味，伸展着无穷的品赏空间。把菜做得有了生命，让食物自己来表演，无论从视觉还是味觉上，都令人耳目一新。一种又一种浪漫、淡然和温润，因贴近心灵的需要而妩媚起来。意境菜与感官、思绪、回忆、想象相勾连，真的做到了“一菜一意境，一肴一诗语”。你来看，许多意境菜的装盘，并不拥挤，而是采用了大面积的留白；就像作画，有舍得才有遐思。“糖醋小排”这道菜，以石盘为底，主角儿“糖醋小排”稳坐一隅，上存大片“雪花”弥漫，它的诗语是“千山鸟飞绝，万径人踪灭，孤舟蓑笠翁，独钓寒江雪”。“董氏烧海参”，将厚重浓香的葱香酱汁渗入海参中，醇香软糯，其味深厚，它的诗语是“横眉群山千秋雪，笑吟长空万里风”。“龙虾汤伊面”，其诗语是“芳草芊绵，尚忆江南岸”。“北京炸酱面”，诗语是“度翠穿红来复去”。“鱼翅节瓜盅”，诗语是“寂寞幽花，独殿小园嫩绿”。这些意境菜的“诗语选用”，可谓机巧有致，匠心独运，字里行间流露出深远意境与个性情怀。

在一块洁白的大理石板上，一边是主菜“梅子烧排骨”香气四溢；另一边是一只只焦糖色的小脚印；再一边是用糖粉勾勒的姜太公钓鱼图，上面竟用巧克力糖浆涂鸦——“立钩钓渭水之鱼，不用香饵之食，离水面三尺。”这款意境菜，径直把幽默妙语写出来，不要解说，真是余味浓浓，令人含笑颔首了。

“意境菜”，就像一幅幅抽象画，有人能看懂，有人不一定能理解。有了店家的“诗语”讲解，或是印制在桌上的“诗语解”，大家才会理解菜肴师傅所要表达的意趣、内涵。有了浓缩“诗语”的意外降临，你不仅吃的是食物，而且还有文化。菜既是景，菜亦是诗，菜肴被诗词变成了一种鲜活的生命。

第五节 能力、气质、性格和人格

一、能力

【学习热身：阅读“大师是怎样炼成的”，分析能力、气质、人格在个人职业生涯中的作用】

大师是怎样炼成的——“鲁菜泰斗”王义均

1933年，王义均出生在中国名厨之乡——山东省烟台市福山县。他13岁进入北京丰泽园饭庄当学徒。丰泽园饭庄创办于1930年，是北京久负盛名的经营正宗山东风味的老字号饭庄。能进入丰泽园饭庄学徒，用王义均的话说，是他“时来运转”。进了丰泽园饭庄可不是一步登天，而是一步一个脚印开始了艰苦的从艺历程。

王义均师傅在“丰泽园饭庄”的学厨生涯是从“蹭勺”开始的。旧社会厨师的规矩很多，“教会徒弟，饿死师傅”的旧观念，像紧箍咒一样制约着人们，要真正学到手艺谈何容易。被视为“小力巴”（小苦力）的王义均每天的工作是倒泔水、扫院子、刷碗、掏炉灰等活，虽然人小，然而坚强的他却能付出常人做不到的努力，他干活不怕脏、不怕累的冲劲，讨得师傅的欢心。他终于被师傅提拔，去厨房“蹭勺”。

“蹭勺”是一个非常辛苦的活，因为“丰泽园”的汤勺很讲究，专门用来做扒、烩、汆菜的带汁菜。菜出勺后，师傅顺手就放在一旁，当时的“丰泽园”有三个火眼，汤勺47把，一天下来王义均师傅就得“蹭勺”上百个。这样一干就是三年，他没有像其他学徒那样抱怨，而是偷偷品尝菜的味道，暗地观察师傅的手艺。机会就出现在这“蹭勺”上，学艺不光要勤快，还要长心眼。王义均师傅从小聪明过人，爱动脑筋，在“蹭勺”的同时总琢磨着师傅们的厨艺。于是，他偷偷地准备了一把小铜勺，趁“蹭勺”的机会，每次都刮出一点残汁尝尝，天长日久，他弄明白了，并牢牢记在心里。功夫不负有心人，他终于学到了赋味的技巧。这对他以后的厨师生涯产生了意义深远的影响。师傅对这个勤快又聪明好学的小伙计开始另眼相待，把自己的拿手绝活如数传授给他。王义均进步飞快，深得鲁菜其中要义。

王义均师承鲁菜名师孙峰、朱家德学习刀工，继而又拜誉满京城的名师牟常勋、郑福祥、吴行官为师，后又投一代宗师王世珍、郭有忠、王景春、罗国荣大师名下。精通鲁菜，擅长海参的烹制，把众师之长与川菜、鲁菜、淮扬菜系精华结合实际，融会贯通，在继承发扬原山东风味菜肴的基础上，大胆创新改革，是当今山东风味菜肴名师中继往开来的一代宗师。代表菜品有葱烧海参、糟熘鱼片、醋椒活鱼、干炸丸子、炸烹大虾、砂锅八珍、锅塌豆腐、鸡油扒双菜、烩乌鱼蛋（汤）等。

王义均二十多岁时，随同中国代表团赴德国莱比锡参加国际博览会，以拿手好菜“葱烧海参”“砂锅鱼翅”获得优秀纪念奖，当时代表中国饮食文化参加表演的只有4个人，王义均是最年轻的。从此，王义均开始走向海外。在日本、美国、新加坡以及欧洲，有越来越多的人了解王义均和他的鲁菜。

20世纪70年代，王义均凭借高超的厨艺，成为丰泽园饭庄的厨师长，实现了他从

"厨师"到烹饪大师的追求。对鲁菜，王义均在保护传统特点的同时又善于创新，葱烧海参、砂锅鱼翅、糟熘鱼片、烩乌龟蛋、砂锅散丹、龙须全蝎都是他的招牌菜。

在60年的厨艺生涯中，王义均拥有一系列殊荣，"中国十大名厨""中国烹饪大师""国宝级烹饪大师"等。

1．能力的概念

能力（ability）是人顺利地完成或实现某种活动所必须具备的那些心理特征。能力总是和人的某种活动相联系并表现在活动中。只有从一个人所从事的某种活动中，才能看出他具有某种能力。

在绘画活动中，一个学生在色彩鉴别、空间比例关系的估计等方面都很强，画得特别逼真，于是，我们说他具有绘画能力。在音乐活动中，一个学生的曲调感、节奏感和听觉表象等都很强，歌声优雅动听，于是，我们说他具有音乐能力。能力影响活动的效果，能力的大小只有在活动中才能比较。在其他条件（知识、技能、花费的时间）相同的情况下，数学运算时，甲生比乙生更快地了解题意、采用简捷的方法、准确地进行计算，于是，我们说甲生的数学能力强于乙生。

倘若一个人不参加某种活动，就难以确定他具有什么能力。但是，在活动中表现出来的心理特征并不都是能力。例如，在音乐或绘画活动中人们可能表现出脾气急躁、性格开朗，也可能表现出情绪稳定、内向沉默。这些心理特征也可能会影响人顺利地完成音乐或绘画活动，但一般地说这些心理特征对于音乐或绘画活动却不是最必需的。而曲调感、节奏感、听觉表象对于顺利地进行音乐活动以及色彩鉴别、空间比例关系的估计、形象记忆对于顺利地进行绘画活动，却是最必需的心理特征。没有这些心理特征，有关的活动便不能顺利地完成。因此，我们把顺利地完成某种活动最必需的那些心理特征，称为能力。有时，人们也把色彩鉴别能力，注意分配能力等某一种心理特征称为能力。

其实，任何单独的一种心理特征都不可能完成比较复杂的活动。要完成某种复杂的活动，往往需要几种心理特征的有机组合。例如，画家的工作，需要有色彩鉴别能力、形象记忆能力、视觉想象能力、形象思维能力等多种心理特征的有机组合；优秀教师的工作，需要有逻辑思维能力、言语表达能力、注意分配能力、观察力等心理特征的有机组合。为了顺利地完成某种活动，多种能力的有机组合，也称为才能。

能力是保证活动取得成功的基本条件，但不是唯一的条件。活动能否顺利地进行，能否取得成功，往往还与人的整体个性特点、知识技能、工作态度、物质条件、健康状况以及人际关系等因素有关。但是，在这些条件相同的情况下能力强的人比能力弱的人，更能使活动顺利进行，更容易取得成功。

在西方心理学中，能力一词有两种含义：既可解释为实际能力（actual ability），也可解释为潜在能力（potential ability）。实际能力是指个人现在实际所能做的，例如，某人能说俄语，能骑自行车等，就是指他现在实际具备的能力。这种能力以知识技能来表现，而知识技能主要是学习的成就或训练的结果，所以实际能力也称为成就（achievement）。潜在能力不是指个人已经发展出来的实际能力，而是指如果通过训练可能达到的水平，在英语中常用capacity（能量）、potentiality（潜力）或aptitude（倾向，才能）等词来表示。实际能力通过成就测验来了解，潜在能力通过倾向测验来了解。

2．能力和知识、技能的关系

能力和知识、技能既有区别又有密切联系。

首先，知识、技能不同于能力。个人所掌握的知识就是信息在头脑中的储存，是人脑对客观事物的主观表征。技能是个人掌握的动作方式和动作系统。按活动方式不同，技能可分为操作技能和心智技能（智力活动）。操作技能的动作是由外显的机体运作来实现的，其动作对象为物质性的客体，即物体。

心智技能（智力活动）的动作，通常是借助于内在的智力操作来实现的，其动作对象为事物的信息，即观念。操作技能的形成，依赖于机体运动的反馈信息，而心智技能则是通过操作活动模式的内化才形成的。总之，这是两种不同的技能。知识和技能都是能力结构的基本组成成分。

其次，能力和知识、技能又是密切联系的。它们之间的相互联系表现为：一方面，知识和技能是能力的基础，能力是在掌握知识、技能的过程中形成和发展起来的。例如，学生在掌握知识的同时，也就掌握了思维操作，从而发展了智力；学生在掌握绘画技能的同时，也就形成了绘画能力。离开了学习和训练，任何能力都不可能形成，更不可能得到发展。另一方面，能力的高低又会影响到掌握知识、技能的水平。能力制约着掌握知识、技能的难易、速度和巩固程度。随着知识、技能的掌握又会导致能力的提高或新能力的发生。虽然，能力离不开知识、技能，但能力和知识、技能毕竟不是一回事。一个学生靠死记硬背可能取得比较好的成绩，但能力可能是差的。另一个学生尽管考试时没有取得良好的成绩，但他能灵活地思考，甚至能创造性地解决问题，这说明他的能力比较强。

因此，能力不表现为知识、技能本身，而表现在获得知识、技能的动态上，即在其他条件相同时，人掌握知识、技能时所出现的快慢、深浅、难易以及巩固的程度。

综上所述，能力是掌握知识、技能的前提，又是掌握知识、技能的结果，两者是互相转化，互相促进的。

3．能力的种类

人的能力很多，可以从不同的标准进行分类，一般可分为以下几种。

（1）根据能力的概括程度和表现的领域，可将能力分为一般能力和特殊能力

①一般能力是在许多基本活动中都表现出来，是各种活动都必须具备的能力。例如，观察力、记忆力、思维力、想象力都属于一般能力。学习、工作、创造发明、任何活动的顺利完成，都离不开这些能力。一般能力的综合也称为智力。

②特殊能力是在某种专业活动中表现出来的能力。例如，数学能力、音乐能力、绘画能力、机械操作能力等，这些能力对于完成相应的活动是必须具备的。每一种特殊能力都是由该活动性质所制约的几种基本的心理品质构成。

人要顺利地完成某种活动，必须具备一般能力和该种活动的特殊能力。在活动中，一般能力和特殊能力的关系是辩证统一的。一方面，一般能力在某种活动中的特别发展，就可能成为特殊能力。例如，观察力是一般能力，但在农业技术工作中，除了需要一般的观察力外还需要区别各种作物的形态、结构的细节，察看作物个体的生长、发育、繁殖和类群的特征及其相互关系的敏锐观察能力，这就是对农作物的特殊观察力。另一方面，特殊能力得到发展的同时也发展了一般能力。因为农技师在培育过程中的精细观察能力，有可能迁移到其他活动领域，表现出他的一般观察能力的发展。

（2）根据能力的创新成分，可将能力分为模仿能力和创造能力

①模仿能力是指人们通过观察别人的行为、活动来学习各种知识，然后以相同的方式作出反应的能力。模仿中主要包括两种成分：观察和仿效。个人“看到”或“听到”别人怎样行动，自己也跟着怎样做。模仿实际上就是一种较复杂的操作条件反射的学习过程。模仿能力的强弱，表现为个人的行为方式与被模仿者的行为方式的相似性上；两者越相似，表明模仿能力越强。

②创造能力是指产生新的思想和新的产品的能力。创造总是与创造产物相联系的，创造产物通常是指“首创”加“适宜”的产物，如艺术作品和科学理论以及有创见性的谈话和奇特的建筑等。在创造能力中，创造思维和创造想象起着十分重要的作用。

模仿能力和创造能力有密切的联系。人们通常是先模仿，然后进入创造；在创造中也是有借鉴的。人们的模仿能力和创造能力也有个别差异。

（3）根据能力在人的一生中的不同发展趋势以及能力和先天禀赋与社会文化因素的关系，可分为流体能力和晶体能力

①流体能力（流体智力，fluid intelligence）指在信息加工和问题解决过程中所表现出来的能力，它较少地依赖于文化和知识的内容，而取决于个人的禀赋。

流体能力的发展与年龄有密切关系。一般人在20岁以后，流体能力的发展达到顶峰，30岁以后将随年龄的增长而降低。此外，研究发现，流体能力属于人类的基本能力，所以，在编制适用于不同文化的所谓文化公平测验时，多以流体能力作为不同文化背景者智力比较的基础。

②晶体能力（晶体智力，crystallized intelligence）指获得语言、数学知识的能力，它取决于后天的学习，与社会文化有密切的关系。晶体能力在人的一生中一直在发展，只是到25岁以后，发展的速度趋于平缓。晶体能力依赖于流体能力。如果两个人具有相同的经历，其中一个有较强的流体能力，那么他将发展出较强的晶体能力。然而一个具有较高流体能力的人如果生活在贫乏的智力环境中，那么他的晶体能力的发展将是低下的或平平的。

把能力分为流体能力和晶体能力，使我们对个体能力发展的多维性有了更好的了解。不同的能力具有不同的发展速度，达到成熟和出现衰退的时期也是不同的。

（4）根据能力的特殊功能或在不同活动中的作用，可将能力分为认知能力、操作能力和社交能力

①认知能力（cognitive ability）是指人脑加工、储存和提取信息的能力，即我们一般讲的智力，如注意力、观察力、记忆力和想象力等。

②操作能力（operation ability）是指人们操作自己的肢体以完成各项活动的能力，如劳动能力、艺术表演能力、运动能力、实验操作能力等。操作能力是在操作技能的基础上发展起来的，又成为顺利掌握操作技能的重要条件。操作能力和认知能力不能完全分开。不通过认知能力积累一定的知识和经验，就不会有操作能力的形成和发展。反过来，操作能力不发展，人的认知能力也不可能得到很好的发展。

③社交能力（sociability）是在人们的社会交往活动中表现出来的能力，如组织管理能力、言语感染能力、判别决策的能力、协调纠纷的能力、处理意外事故的能力等。这种能力对组织团体，促进人际交往和信息沟通有重要作用。

4．能力的类型差异

能力类型差异是指构成能力的各种因素存在质的差异，主要表现在知觉、记忆、表象、言语和思维以及思维的能力等方面。

知觉方面的差异有三种类型：综合型，即知觉具有概括性和整体性，但分析能力较弱；分析型，即知觉具有强的分析能力，对细节感知清晰，但整体性较差；分析综合型，具有上述两种类型的特点，即同时具有较强的分析能力和概括能力。

记忆类型的差异，根据人们怎样记忆材料可分为：①视觉型，运用视觉记忆效果好；②听觉型，运用听觉识记效果好；③运动型，有运动参加时记忆效果较好；④混合型记忆，运用多种记忆效果较好。

能力在表象方面有视觉型、听觉型、动觉型、综合型，在思维能力方面有形象型、抽象型、中间型等类型的差异。

言语和思维方面，有的人言语特点富于形象性，情绪因素占优势，属于生动的言语类型或形象思维类型；有的人言语特点富于概括性，逻辑因素占优势，属于逻辑联系的言语类型或抽象思维类型；还有居二者之间的混合型。

在思维能力方面，每个人在思维的深刻性、灵活性和批判性等品质上又都有自己的特点。

能力类型的差异，一般不代表智力水平的高低，只影响人们学习的过程和获取知识经验的方式。

5．影响能力形成和发展的因素

（1）遗传因素在能力发展中的作用　在心理学史上，遗传和环境在能力形成和发展中哪一个因素起着决定性的作用，曾经历过长期的争论。许多研究者研究了不同遗传关系的人IQ的相关，结果表明，遗传关系越相近，测得的智力越相近。父母的IQ和亲生子女的IQ相关为0.50，养父母和养子女IQ的相关为0.25。同卵双生子是由同一受精卵发育而来，遗传的关系很密切，IQ之间的相关高，为0.90。异卵双生子是由两个受精卵发育而来，其遗传的相似性类似于同胞兄弟姐妹，他们在IQ之间的相关为0.55。分开抚养的同卵双生子，其IQ的相关为0.75，比在一起抚养的异卵双生的相关高。

这些研究一方面说明遗传对智力的重要影响，但同时也说明环境对智力的重要影响。同卵双生子在环境相同的条件下IQ之间有很高的相关。抚养在一起的孩子，即使两者无血缘关系，其IQ的相似性也会提高。

遗传对能力的影响主要表现在身体素质上，如感官的特征，发音器官的特征，四肢和运动器官的特征，脑的形态和结构特征等。身体素质是能力形成和发展的自然前提，没有这个自然前提，任何能力都无从产生。例如，双目失明的人无法形成绘画能力，生来聋哑的人无法形成音乐能力。身体素质对能力发展的影响是不可忽视的，但身体素质却不等同于能力本身。具有相同身体素质的人，可以发展出几种不同的能力；而具有良好素质的人如果得不到应有的培养和训练，能力也不可能形成。这说明在能力形成问题上，遗传决定论是不对的，但良好的遗传素质却是能力形成和发展的一个必要条件或重要条件。

（2）环境和教育对能力形成与发展的影响　环境因素对能力形成的作用是不可低估的。

①产前环境及营养状况的影响：胎儿生活在母体的环境中，这种环境对胎儿的生长发育及出生后智力的发展，都有重要的影响。许多研究表明，母亲怀孕期间服药、患病、大量吸烟、遭受过多的辐射、营养不良等，能造成染色体受损或影响胎儿细胞数量，使胎儿发育受

到影响，甚至直接影响出生后婴儿的智力发展。

②早期经验的作用：在儿童成长的整个过程中，智力的发展速度是不均衡的，往往是先快后慢。美国著名的心理学家本杰明·布鲁姆（Benjamin Bloom）对近千人进行追踪研究后，提出这样的假说，即五岁前是儿童智力发展最为迅速的时期。

学者木村久一提出了智慧发展的递减规律，他认为，生下来就具有100分能力的人，如果一出生就得到最恰当的教育，那么就可以成为有100分能力的人；如从五岁才得到最恰当的教育，那么就只能具有80分能力；若从十岁才开始教育，就只能成为有60分能力的人。可见，发展能力要重视早期经验的作用。

③教育条件的影响：一个人能朝什么方向发展、发展水平的高低、速度的快慢，主要取决于后天的教育条件。家庭环境、生活方式，家庭成员的职业、文化修养、兴趣、爱好以及家长对孩子的教育方法与态度，对儿童能力的形成与发展有极大的影响。如歌德小时候，歌德的父亲就对他进行有计划、多方面的教育，经常带他参观城市建筑物，并讲解城市的历史，以培养他对美的欣赏和历史的爱好；他的母亲也常给他讲故事，每讲到关键之处便停下来，留给歌德去想象，待歌德说出自己的想法后，母亲再继续讲。歌德从小就受到良好的家庭教育，这为他能成为世界著名的大诗人打下了基础。

在教育条件中，学校教育在学生能力发展中则起主导作用。学校教育是有计划、有组织、有目的地对学生施加影响，因此，不但可以使学生掌握知识和技能，而且在学习和训练的同时促进了其能力的发展。在教育教学中发展学生的能力并不是无条件的、绝对的、自发的，而是依赖教育教学内容的正确选择、教学过程的合理安排、教学方法的恰当使用等。

（3）实践活动和个性品质在能力发展中的作用　人的能力是在实践活动中形成和发展起来的。离开了实践活动，即使有良好的素质，即使有良好的环境和教育，能力也难以形成和发展起来。关于这一点，我国古代思想家王充早就指出“施用累能”，即能力是在使用中积累的。他说：齐的都城世代刺绣，那里的平常女子都能刺绣；襄地传统织锦，即使不聪明的女子也变成了巧妇。这是因为天天看到，时时学习，手自然就熟练了。王充还提出“科用累能”，即从事不同职业的活动就积累了不同的能力。他说：谈论种田，农夫的能力高于一般人；谈论做买卖，商人的能力强于一般人。大量的事实资料表明，音乐能力只有在音乐的实践活动中才能形成和发展，科研能力也只有在科研的实践活动中才能形成和发展。不参加实践活动，就谈不上能力的形成和发展。

在实践活动中优良的个性品质对能力的形成和发展具有重要的意义，动机、勤奋、谦虚和坚强的毅力等都有助于能力的形成和发展。

二、气质

1．气质的概念

“气质”这一概念与我们平常说的“禀性”“脾气”近似。在日常生活中，我们可以看到，有的人总是活泼好动，反应灵活；有的人总是安静稳重、反应缓慢；有的人不论做什么事总显得十分急躁，有的人情绪总是那么细腻深刻。人与人在这些心理特性等方面的差异，称为气质的不同。

所谓气质（temperament）是表现在心理活动的强度、速度、灵活性与指向性等方面的一种稳定的心理特征。情绪体验的强度、意志努力的程度等就是指心理活动的强度；知觉的速度、思维的灵活程度、注意力集中时间的长短及根据要求迅速转移的程度就是心理活动的速度和灵活性的表现。有的人的心理活动倾向于外部事物，从外界获得新印象；有的人倾向于内心世界，经常体验自己的情绪，分析自己的思想和印象，这就是指心理活动的指向性。

气质不仅表现在情绪活动中（例如冯特就是持这种观点），而且也表现在包括智力活动等各种心理活动中，它仿佛使人的全部心理活动都染上了个人独特的色彩。具有某种气质类型的人，常常在内容很不相同的活动中都显示出同样性质的动力特点。例如，一个学生具有安静迟缓的气质特征，这种气质特征会在学习、工作、参加考试、当众演说、体育比赛等各种活动中表现出来。个人的气质特点不以活动的内容为转移，它表现出一个人生来就具有的自然特性。个体一出生，就具有由生理机制决定的某种气质。我们可以观察到，新生儿有的爱哭闹，四肢活动量大；有的则比较安静，较少啼哭，活动量小。这种先天的生理机制构成了个体气质的最初基础，在儿童的游戏、作业和交往活动中表现出来。同时，由于成熟和环境的影响，在个体生长发育过程中气质也会发生改变。例如，在集体主义的教育下，脾气急躁的人可能变得较能克制自己；行动迟缓的人，可能变得行动迅速起来。一个人的气质具有极大的稳定性，但也有一定的可塑性。

2．气质的学说

（1）气质的体液说　在心理学史上，“气质”是一个很古老的概念。早在古希腊医学家恩培多克勒（Empedocles，约公元前483—前423）的“四根说”中就已经有了气质和神经类型学说的萌芽。恩培多克勒认为，人的身体是由四根（土、水、火、空气）构成：固体的部分是土根，液体的部分是水根，维持生命的呼吸是空气根，血液主要是火根；思维是血液的作用。火根离开了身体，血液变冷些，人就入眠。火根全部离开身体，血液就全变冷，人就死亡。他还认为，人的心理特性依赖身体的特殊构造；各人心理上的不同是由于身体上四根配合比例的不同。他认为，演说家是舌头的四根配合最好的人，艺术家是手的四根配合最好的人。这可以说是后来的气质概念的萌芽。

希波克拉底（Hippocrates，公元前460—前377）把四根说进一步发展为四液说。他在《论人类的自然性》这篇著作中写道：“人的身体内部有血液、黏液、黄胆汁和黑胆汁，所谓人的自然性就是指这些东西，而且人就是靠这些东西而感到痛苦或保持健康的。”

他认为构成人体内的体液有四种：血液（harma）、黏液（phlegma）、黄胆汁（chole xanthe）、黑胆汁（chole melania），并根据哪一种体液在人体内占优势，把人分为四种类型：多血质、黏液质、胆汁质和抑郁质。

在体液的混合比例中血液占优势的人属多血质，黏液占优势的人属黏液质，黄胆汁占优势的人属胆汁质，黑胆汁占优势的人属抑郁质。希波克拉底认为，每一种体液都是由寒、热、湿、干四种性能中的两种性能混合而成，血液具有热—湿的性能，多血质的人温而润，好似春天一般；黏液具有寒—湿的性能，黏液质的人冷酷无情，似冬天一样；黄胆汁具有热—干的性能，黄胆汁的人热而躁，如夏季一般；黑胆汁具有寒—干的性能，抑郁质的人冷而躁，有如秋天一样（图2–7）。这四种体液配合恰当时，身体便健康；在配合异常时，身体便生病。按照希波克拉底的原意，他所谓的四种气质类型，其含义是很广的——即决定人的整个体质（也包括气质），而不是单指现在心理学上的所谓气质。希波克拉底的体液学

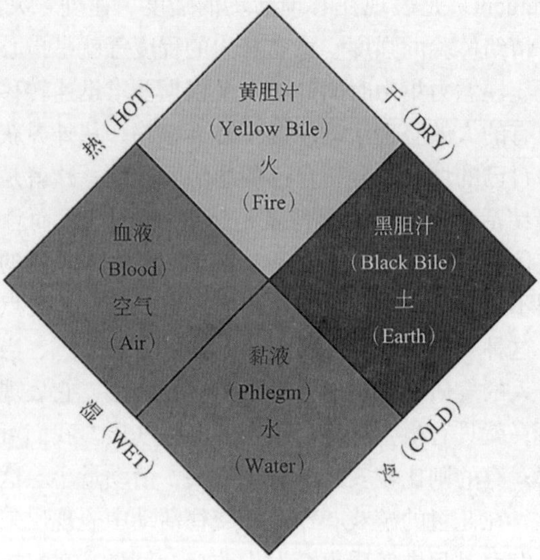

图2-7 气质的体液

说，在五百年后为古罗马医生盖伦（C. Galen）所发展。他将四种体液作种种配合而产生出13种气质类型，并用拉丁语temperameteum一词来表示气质这个概念。这便是近代“气质”（temperament）概念的来源。

希波克拉底关于四种气质类型的概念，一直沿用至今。但限于当时的条件，他用四体液来解释气质类型是缺乏科学依据的。

（2）阴阳五行说　我国古代也有人提出类似气质的分类来表示人在心理特征上的差异。例如孔子把人分为“狂者”“狷者”“中行”。他说“不得中行而与之，必也狂狷乎？狂者进取，狷者有所不为也。”《子路》中孔子所说的“狂者”相当于多血质的人，“狷者”相当于黏液质的人，“中行”一类的人相当于“中间型”。

《黄帝内经·灵枢》中根据阴阳五行学说把人的某些心理特点与生理解剖特点联系起来。按阴阳的强弱，分为太阴、少阴、太阳、少阳、阴阳平和五类人，每种类型具有不同的体质形态和心理特点。又根据五行法则把人分为金、木、水、火、土五种类型，也各有不同的肤色、毛发、筋骨特点和情感特点，用来说明人的个别差异。

（3）气质的体型说　德国精神病学家克瑞奇米尔（E. Kretschmer，1925）根据他对精神病患者的临床观察，提出按体型划分人的气质类型的理论。他认为人的身体结构与气质特点以及可能患的精神病种类有一定的关系。而精神病患者与正常人只有量的差别，没有质的区别。他把人分为肥胖型、瘦长型和斗士型三种。

肥胖型的人身材矮胖，圆肩阔腰，易患躁狂抑郁症。其特点是：好社交，通融，健谈，活泼，好动，表情丰富，情绪不定，此谓躁郁性气质（cyclotymes temperament）。

瘦长型的人高瘦纤弱、细长、窄小，易患精神分裂症。其特点是：不善社交，内向，退缩，世事通融，害羞沉静，寡言多思，此谓分裂性气质（schizothymes temperament）。

斗士型的人骨肉均匀，体态与身高成比例，易患癫痫症。其特点是：正义感强，注意礼仪，节俭，遵守纪律和秩序，此谓黏着性气质（visköses temperament）。

此后，美国心理学家谢尔登（Sheldon）把体型分为三类：内胚叶型（柔软、丰满、肥胖）、中胚叶型（肌肉骨骼发达、结实强壮、体态呈长方形）、外胚叶型，并认为体型与气质之间有密切的关系。

据他所收集的资料，他认为内胚叶型的人图舒服，闲适，乐群（称为内脏气质型）；中胚叶型的人好活动、自信、独立性强、爱冒险，不太谨慎（称肌肉气质型）；外胚叶型的人爱思考，压抑、约束，好孤独（称为脑髓气质型）。

虽然体型与气质具有某种相关，例如，体型的差异受社会态度的影响大，因而造成个人行为表现上的不同，但这却不能说明体型与气质之间存在着因果关系。克瑞奇米尔的气质理论，把一切人都归入精神病患者的类型之中，这更是片面的。

（4）气质的血型说　人的血型有A型、B型、AB型和O型。有些心理学家认为，人的气质是由不同的血型决定的。这方面的工作，日本学者做得最多。例如，古川竹二（1927）根据血型把人区别为四种气质：A型气质的特点是温和、老实稳妥、多疑、怕羞、依赖他人、受斥责就丧气；B型气质的特点是感觉灵敏、恬静、不怕羞、喜社交、好管事；AB型的气质特点是上述两者的混合型；O型气质的特点是志向坚强、好胜、霸道、不听指挥、喜欢指使别人、有胆识、不愿吃亏。这种理论也是没有多少科学根据的。

（5）气质的激素说　内分泌腺的机能与有机体的新陈代谢密切相关，并影响着人的行为。伯曼（L. Berman）等人提出，人的气质是由某种内分泌腺的活动所决定的。他根据人的某种内分泌腺特别发达而把人划分为甲状腺型、脑下垂体型、肾上腺型、副甲状腺型以及性腺过分活动型。例如甲状腺型，其体态为身体健康，头发茂密、双眼明辉，其气质特征是知觉灵敏、意志坚强、不易疲劳；脑下垂体型，其体态为发育较好，体格纤细，其气质特征是情绪温柔、自制力强等。生理学的研究表明，内分泌腺的活动、激素的合成是受神经系统支配的，同时内分泌腺的活动也影响着神经系统的活动。虽然气质的某些特点与某些内分泌腺的活动有关，但是，孤立地强调内分泌腺活动对人的气质的决定作用，则是片面的。气质的直接生理基础主要是神经系统的特征，但是从皮质与皮质下部位的相互关系以及从神经体液调节来看，内分泌腺的机能对气质的影响也是不可忽视的。

（6）气质的活动特性说　美国心理学家巴斯（Buss，1975）用活动性、情绪性、社交性和冲动性等反应活动的特性为指标，区分出四种气质类型。活动性的人总是抢先迎接新的任务，爱活动，不知疲倦；在婴儿期表现为总是手脚不停地乱动，儿童期时在教室里闲坐不住，成年时显露出一种强烈的事业心。情绪性的人觉醒程度和反应强度大，在婴儿期时表现为经常哭闹，儿童期时易激动、难于相处，成年时表现为喜怒无常。社交性的人渴望与他人建立密切的联系，在婴儿期时表现为要求母亲和熟人在其身边、孤单时哭闹得凶，儿童期时容易接受教育的影响，成年时与周围的人们很融洽。冲动性的人缺乏抑制能力，在婴儿期时表现为等不得母亲喂奶、换尿布等，儿童期时经常坐立不安、注意力容易分散，成年时期表现为讨厌等待，倾向于不假思索地行动。用活动的特性来区分人的气质，是近年来出现的一种新动向。不过活动特性的生理基础是什么，巴斯却没有揭示出来。

3. 气质类型典型特征及表现

气质类型是指每一类人共同具有的各种气质特征的有规律的结合。四种基本气质类型在情绪和行为方式方面以及智力活动方面有不同的典型表现。

（1）胆汁质　胆汁质的人反应速度快，具有较高的反应性与主动性。这类人情感和行为动作产生得迅速而且强烈，有极明显的外部表现：性情开朗、热情、坦率，但脾气暴躁，好争论；情感易于冲动但不持久；精力旺盛，经常以极大的热情从事工作，但有时缺乏耐心；思维具有一定的灵活性，但对问题的理解具有粗枝大叶、不求甚解的倾向；意志坚强、果断勇敢，注意稳定而集中但难于转移；行动利落而又敏捷，说话速度快且声音洪亮。如《三国演义》中的张飞和《水浒传》中的李逵式的人物。

（2）多血质　多血质的人行动具有很高的反应性。这类人情感和行为动作发生得很快，变化得也快，但较为温和：易于产生情感，但体验不深，善于结交朋友，容易适应新的环境；语言具有表达力和感染力，姿态活泼，表情生动，有明显的外倾性特点；机智灵敏，思维灵活，但常表现出对问题不求甚解；注意与兴趣易于转移，不稳定；在意志力方面缺乏忍耐性，毅力不强。如《水浒传》中浪子燕青式的人物。

（3）黏液质　黏液质的人反应性低。情感和行为动作进行得迟缓、稳定、缺乏灵活性；这类人情绪不易发生，也不易外露，很少产生激情，遇到不愉快的事也不动声色；注意稳定、持久，但难于转移；思维灵活性较差，但比较细致，喜欢沉思；在意志力方面具有耐性，对自己的行为有较强的自制力；态度持重，好沉默寡言，办事谨慎细致，从不鲁莽，但对新的工作较难适应，行为和情绪都表现出内倾性，可塑性差。《水浒传》中的林冲和《三国演义》中的关羽便属于较典型的黏液质的人。

（4）抑郁质　抑郁质的人有较高的感受性。这类人情感和行为动作进行得都相当缓慢、柔弱：情感容易产生，而且体验相当深刻，隐晦而不外露，易多愁善感；往往富于想象，聪明且观察力敏锐，善于观察他人观察不到的细微事物，敏感性高，思维深刻；在意志方面常表现出胆小怕事、优柔寡断，受到挫折后常心神不安，但对力所能及的工作表现出坚忍的精神；不善交往，较为孤僻，具有明显的内倾性。《红楼梦》中林黛玉式的人物。

以上介绍的是四种气质类型典型的表现。这四种人如果遇到相同的事情，其表现如何呢？苏联心理学家巧妙设计了“看戏迟到”的特定问题情境，对四种典型气质类型的人进行观察研究，结果发现，四种基本气质类型的观众，在面临同一情境时有截然不同的行为表现，气质使其心理活动染上了一种独特的色彩。胆汁质的人面红耳赤地与检票员争吵起来，甚至企图推开检票员，冲过检票口，径直跑到自己的座位上去，并且还会埋怨说，戏院时钟走得太快了。多血质的人明白检票员不会放他进去，他不与检票员发生争吵，而是悄悄跑到楼上另寻一个适当的地方来看戏剧表演。黏液质的人看到检票员不让他从检票口进去，便想反正第一场戏不太精彩，还是暂且到小卖部待一会儿，待幕间休息再进去。抑郁质的人对此情景会说自己老是不走运，偶尔来一次戏院，就这样倒霉，接着就垂头丧气地回家了。在现实生活中，并不是每个人的气质都能归入某一气质类型。除少数人具有某种气质类型的典型特征之外，大多数人都偏于中间型或混合型，也就是说，他们较多地具有某一类型的特点，同时又具有其他气质类型的一些特点。

上海师范大学卢家楣教授还从气质的情绪特性，即从情绪兴奋的敏感性、强度、速度、变化、外显性以及易控性六方面分析了四种典型气质类型的人的情绪特性，认为胆汁质的人情绪粗犷，多血质的人情绪丰富，黏液质的人情绪贫乏，抑郁质的人多愁善感，从一个新的视角对气质进行研究。

总之，气质是个体心理活动的稳定的动力特征。但是，在生活实践的过程中，它也是可以发生变化的。气质的变化，从生理机制上看，可能有两种情况：一是后天的暂时联系系统掩盖了神经类型的先天特征，但神经类型的先天特征本身并没有改变；二是暂时联系系统形成和发挥机能作用的过程中，神经类型的先天特性本身得到了某种改造。但到底属于哪种情况？现代科学还不能完全确定。

三、性格

在国外的心理学文献中，性格（character）一词源于希腊语，意为雕刻的痕迹或戳记的痕迹。这个概念强调个人的典型行为表现和由外部条件决定的行为。

我国心理学界倾向于把性格定义为个人对现实的稳定的态度以及与之相适应的习惯化了的行为方式方面的热性心理特征。

对性格定义的理解应注意以下三点。

首先，性格是人对现实的态度和行为方式概括化与定型化的结果。人对现实的态度就是对社会、对集体、对他人和对自己的看法和评价，是一个人的世界观、人生观的集中体现。人们生活在社会中，不可能不对各种有关事物产生一定的看法，做出一定的选择，采取一定的行为方式，这个过程就是性格的表现。例如，“孔融让梨”反映了谦让、利他的性格特点；“守株待兔”反映了一个人懒惰、愚顽的性格特点。

可见，性格的态度体系并不是孤立存在的，人对现实的态度总是自觉地渗透到人的生活和行为方式中，那些对社会、对工作、对他人抱积极态度的人，在生活中总是为人热情、坦诚，工作认真、勤恳；而对现实持消极态度的人却时常表现吝啬、斤斤计较、不负责任、独断专行等。人们对现实的态度和与之相适应的行为方式共同构成了人的性格。

必须指出的是，行为方式与性格特征的相应关系不是线性的，而是非线性的。它们之间有如下的复杂情况：

①在不同的人身上，同一性格特征可以有不同的行为方式。例如，两个人都具有热爱集体的性格特征，一个以其默默无闻地为集体做好事而赢得大家的称赞，另一个却以自己的能歌善舞为集体争得了荣誉而受到大家的称赞。

②在不同人身上，不同的性格特征可以有相同的行为方式。

③在同一个人身上，同一性格特征在不同的时间、地点和条件下，可以以不完全相同的行为方式表现出来。为此，我们必须看到行为方式与性格特征之间的这种错综复杂的关系，否则，容易被一个人的表面现象所蒙蔽。

其次，性格指一个人独特的、稳定的个性心理。性格有很大的个别差异，每个人对事物的看法都自成体系，行为表现也有其独到之处，这是由每个人的具体生活条件和教育条件不同所致；性格又是比较稳定的，因为它是人对事物的态度、行为方式的概括化和定型化的结果。在某种情况下，那种属于一时的、情境性的、偶然的表现，不能构成人的性格特征。例如，一个人在偶然的场合表现出胆怯行为，不能就此认为这个人具有怯懦的性格特征。也就是说，性格必须是经常出现的、习惯化的、从本质上最能代表一个人个性特征的那些态度和行为特征。因此，如果我们了解一个人的性格，就能预料他在某种情况下会表现出什么样的态度和行为。在“空城计”中，诸葛亮由于掌握了司马懿多疑寡断的性格，才敢于空城设疑等援兵，最后取得胜利。性格的稳定性又不是绝对的，性格还有可塑的一面，除了重大事件的影响外，性格的改变一般都要经过较长时间的环境影响和主体实践。

再次，性格是个性特征中最具核心意义的心理特征。性格在个性特征中的核心地位表现在两个方面。一方面，在所有的个性心理特征中，唯有人的性格与个体需要、动机、信念和世界观联系最为密切。人对现实的态度直接构成了个体的人生观体系，人的各种行为方式也是在这种态度体系的影响和指导下逐渐形成的。因此，性格是一个人道德观和人生观的集中体现，具有直接的社会意义。人的性格受社会行为准则和价值标准的评判，所以有好坏之分，这一点是与气质有明显区别的。另一方面，性格对其他个性心理特征具有重要的影响。性格的发展规定了能力和气质的发展，影响着能力和气质的表现。成语中的“勤能补拙”，就说明性格对能力有巨大作用；某一种气质的消极方面，也可以通过性格的优点加以改造或掩盖。

总之，具有良好性格品质的人能最大限度地发挥自己的聪明才智，适应现实生活。美国心理学界不常用性格一词，欧洲心理学文献中性格一词常等同于人格（personality）。不过，西方心理学文献中的“人格”概念与我国文献中“个性”或“个性心理特征”的概念也不尽相同。大多数西方心理学家的人格概念一般仅指“气质”和“性格”而不包含“能力”。

四、人格

人格是研究个体心理差异的领域，有着异常复杂的心理结构。一些人格理论从不同角度描述了人格的结构，实际上也是对人格的分类。

1．奥尔波特的人格特质论

“特质”是人格最有效的分析单元。西方心理学中的人格特质论属于对性格静态结构进行定量分析的一种方法。奥尔波特（G. W. Allport，1897—1967）认为，人格结构中包含两种特质：共同特质（common traits）和个人特质（individual traits）。

所谓特质是指个人的遗传与环境相互作用而形成的对刺激发生反应的一种内在倾向；不作严格区分，也可以把特质理解为性格特征。共同特质是属于同一文化形态下人们所具有的一般性格特征。人们在共同特质上有多寡或强弱的差异。个人特质是个人独特的性格特征。

个人特质又有三类不同的层次。第一类叫首要特质（cardinal traits），它代表一个人的人格的最独特之处，例如说某人鲁莽，仅“鲁莽”这个特质即可说明他的个性；第二类叫中央特质（central traits），这类特质虽不及首要特质的影响遍及个体的每一行动，但也代表个性的重要特征，例如，我们常用几个形容词：聪明、能干、勤奋、诚恳……来描述一个人，就是用中央特质来形容其性格；第三类叫次要特质（secondary traits），这类特质只是个人在适应环境时的某些暂时性行为，而不是一种固定的特征。

2．卡特尔的特质因素分析

卡特尔（R. B. Cattell）用因素分析方法把特质区分为表面特质（surface traits）和根源特质（source traits）。表面特质是指一组看来似乎聚在一起的特征或行为，但同属于一种表面特质里的特征，其间关系很复杂，因此这些特征虽有关联，但不一定一起变动，也不源于共同的原因。而根源特质指的是行为之间成一种关联，会一起变动而形成单一的、独立的人格维度。例如，乐群性是一种根源特质，一个人身上的乐群性的量影响着他的各个方面，如朋友的多寡，与什么人做朋友，交往的技能。就是说，乐群性这一根源特质的外部表现就是表面特质。每一种表面特质都来自一种或多种根源特质，而一种根源特质却能影响多种表面特质。因此，根源特质是构成人格的基本要素。

卡特尔根据因素分析的结果得出有16个根源特质，并设计出一种人格测验称为16个人格因素问卷。表2-1是16种人格因素上的高分者和低分者的特征。

表2-1　卡特尔的16种人格特质

人格因素	低分者特征	高分者特征
A　乐群性	缄默孤独	乐群外向
B　聪慧性	迟钝、知识面窄	聪慧、富有才识
C　情绪稳定性	情绪激动	情绪稳定
E　恃强性	谦逊顺从	支配、攻击
F　兴奋性	严肃审慎	轻松兴奋
G　有恒性	权宜敷衍	有恒负责
H　敢为性	畏怯退缩	冒险敢为
I　敏感性	理智、着重实际	敏感、感情用事
L　怀疑性	信赖随和	怀疑、刚愎
M　幻想性	现实、合乎常规	幻想、狂放不羁
N　世故性	坦白直率、天真	精明能干、世故
O　忧虑性	安详沉着、有自信心	忧虑抑郁、烦恼多端
Q1　激进性	保守、服从传统	自由、批评激进
Q2　独立性	依赖、随群附众	自立、当机立断
Q3　自律性	矛盾冲突、不拘小节	知己知彼、自律严谨
Q4　紧张性	心平气和	紧张困扰

卡特尔认为，在每个人身上都具备这16种特质，只是在不同人身上的表现有程度上的差异。所以，他认为人格差异主要表现在量的差异上，可以对人格进行量化分析。后来，卡特尔又从根源特质中区分出体质特质和环境特质两类。体质特质（constitutional traits）由先天的生物因素所决定，如兴奋性、情绪稳定性等。而环境特质（environmental traits）则由后天的环境所决定，如焦虑、有恒性等。

体质特质和环境特质又都分别可分出动力特质、能力特质和气质特质三类。动力特质（dynamic traits）是指具有动力特征的特质，它使人趋向某一目标，包括生理驱力、态度和情操。能力特质（ability traits）是表现在知觉和运动方面的差异特质，包括流体智力和晶体智力。气质特质（temperament traits）是决定一个人情绪反应速度与强度的特质。

3. 艾森克的人格维度

艾森克（H. J. Eysenck）出生在德国，后在英国求学与工作，是英国一位著名的研究人格的心理学家。艾森克接受了古希腊、罗马学者关于四种气质的描述和冯特按情绪维度来划分气质的思想，提出了人格结构的层次性质理论。在这个理论中，艾森克主要分出了人格结构的两个维度：①人格的内倾与外倾；②人格的稳定与不稳定，有时也称高神经质与低神经质的维度或情绪性维度。

根据人格的两个维度，艾森克把人分成四种类型，即稳定内倾型、稳定外倾型、不稳定内倾型与不稳定外倾型。稳定内倾型表现为温和、镇定、安宁、善于克制自己，相当于黏液质的气质；稳定外倾型表现为活泼、悠闲、开朗、富于反应，相当于多血质气质；不稳定内倾型表现为严峻、慈爱、文静、易焦虑，相当于抑郁质气质；不稳定外倾型表现为好冲动、好斗、易激动等，相当于胆汁质气质。

后来，艾森克根据因素分析法提出了人格的三因素模型（three factor model）。这三个因素是：

（1）外倾性（extraversion） 它表现为内、外倾的差异。

（2）神经质（neuroticism） 它表现为情绪稳定性的差异。

（3）精神质（psychoticism） 它表现为孤独、冷酷、敌视、怪异等偏于负面的人格特征。

艾森克依据这一模型编制了艾森克人格问卷（Eysenck Personality Questionnaire，简称EPQ，1986），艾森克人格问卷就是测定人格维度的自陈量表。该量表包括四个量表：E（内外倾量表），N（情绪稳定性量表），P（精神质量表），L（效度量表）。前三者为人格的三个维度，它们是彼此独立的。这个量表在人格评价中得到了广泛的应用。

【拓展与应用：结合下列材料分析记忆与遗忘的心理机制在餐饮品牌传播中的应用】

全而无缺，聚而不散，仁德至上

1957年3月27日晚上，周总理在全聚德宴请以威廉·西罗基总理为首的捷克斯洛伐克政府代表团。宴会结束后，周总理送走了外宾便健步来到后厨问候全聚德的职工，他同大伙儿一一握手。在同厨师刘中杰握手时，周总理问他："你多大年纪了?"刘中杰回答："56岁。"周总理说："噢，你比我还小呢。"又问他："你是哪一年到全聚德的?"刘中杰回答："1918年。"周总理马上说："那我们可能见过面呢，1919年，我在南开上学时，曾经和七八个同学来过这里，花了一元八角现大洋，吃过一次烤鸭，转眼已经38年了。"周总理转身又握住年轻厨师李兴禄的手说："你们年轻人要好好干呀！要把老师傅的手艺学到手，一代一代传下去。"从这以后，他经常到全聚德来宴请外宾，每次来都不忘到厨房看望厨师和工作人员。根据全聚德的记载，周总理生前到全聚德有27次之多，全聚德的老职工对周总理的关怀和音容笑貌始终记忆犹新。

（资料来源：李东. 毛泽东请吃烤鸭：13个故事见证全聚德150年［J］. 南方企业家. 2016：3.）

一次，周总理在"全聚德"宴请外宾时，一位外宾好奇地向周总理问起"全聚德"三个字的涵义，周总理机智而精辟地解释说："全而无缺、聚而不散、仁德至上"。

说的真妙！"全而无缺"意味着"全聚德"菜品丰富质量上乘无缺憾；"聚而不散"意味着天下宾客在此聚餐聚情，情意深厚；"仁德至上"则集中体现了"全聚德"人以仁德之心真诚服务于宾客的理想信念。在笔者看来，这样完美的精神内涵绝不仅仅只适用于"全聚德"，如果我们所有的政府部门都能秉承这样的服务理念，何愁做不出一份群众喜欢并接受的“民生大餐”！

“全而无缺”重在改善民计民生。一个“全”字，体现的是圆满、完整、统一的伟大梦想，这个梦想若想实现，必须解决好人民群众关心的每一件“小事”。就目前的社会条件而言，人民群众的生存和生活层面依然存在着很多问题，人民群众的呼声已经成为一种信号，需要各级政府部门认真倾听。而倾听之后把人民群众最关心、最直接、最现实的利益问题摆上日程，制定出比较科学合理的惠民政策，并逐步改善民计民生，将是巩固发展之本、执政之本的重中之重。

“聚而不散”重在真情以心换心。一个“聚”字，体现的是聚心、聚志、聚力的顽强精神，这种精神将是实现“中国梦”不可或缺的一种力量。我们的政府部门必须学习这种精神，把人民群众的满意作为工作的出发点和落脚点，才能换取群众的真心拥护；必须把握这种方向，引导人民群众共同开始“寻梦”之旅，才能凝聚起不可战胜的团结力量。“水能载舟，亦能覆舟”，什么时候我们的人民群众都愿意自觉托举起中华民族的“中国梦”，什么时候我们的民族才能真正的“聚而不散”。

“仁德至上”重在身正亲民爱民。一个“仁”字体现的是宽厚、诚信、恭敬的服务态度，这样的态度才是执政为民的端正态度。中国的政府部门归根到底就是一种为民服务机构，如何服务至关重要。所谓宽厚就要求我们的政府面对群众问责，要谦和包容，以德服人；所谓诚信就要求我们的政府面对群众监督，要言必行，行必果，诚实守信；所谓恭敬就要求我们的政府面对群众诉求，要谦恭有礼，存敬畏之心。“意莫高于爱民，行莫高于乐民”，只有把群众当亲人，亲民爱民，群众才能给你更大的依靠！

（资料来源：2020年03月24日人民网—中国共产党新闻网，作者：杨丽娟，责编：张鑫、唐璐）

· 课后思考题 ·

1. 简述心理的生理基础。
2. 简述神经元的基本结构。
3. 简述神经元的基本功能。
4. 简述内分泌系统的构成。
5. 简述人脑的构成。
6. 简述人脑的基本功能。
7. 什么是记忆？
8. 记忆有哪几个模型？
9. 简述遗忘的原因。
10. 简述表象的特征。

第三章 CHAPTER 3 饮食消费的感觉与知觉

学习目标：

1. 了解感知觉的特性。
2. 理解饮食消费者感知觉的变化及影响因素。
3. 能够利用饮食消费感知觉心理提升餐饮服务品质。

本章导学：

饮食消费感觉就是消费者在饮食消费过程中对消费对象个别属性的主观反应。饮食消费感觉受消费者心理生理机制、社会消费经验和消费对象等多种因素的影响。饮食消费知觉是消费者在饮食消费过程中对消费对象整体属性的主观反应。感觉是敏感的、多变的，知觉是深层的，稳定的。在饮食消费过程中，消费者的感觉是表象的，知觉是经历、经验和理智交相作用的结果。尽管感觉是不可靠的，但是餐饮营销的事实证明，饮食消费者的行为在很大程度上受感觉的影响。因为饮食消费属于日常生活消费，生活需要丰富多彩。感觉的表象属性、随主客观环境而变的易变性让人们的生活变得丰富多彩。

知觉是消费者理智性的行为，饮食消费的深层次体验就属于知觉。感觉是知觉的前奏，知觉是感觉的升华。餐饮企业经营管理者要了解和把握饮食消费者的感知觉，开展有针对性的营销。

具体到饮食消费实践，饮食消费感知觉包括饮食消费的视觉、嗅觉、触觉、听觉、味觉和想象。有专业人士结合饮食消费者的感知觉提炼出“餐饮六感式营销”。

【学习热身】

感觉与饮食消费

一、听觉吸引

1. 加工之声

目前餐饮厨房已进入了“可视化时代”，消费者在就餐时更愿意看到热闹、有序、高效的菜品加工场面，一方面了解菜品加工过程，放心品尝菜品；另一方面明晓菜品的娴熟化加工、原生态食材。优秀的餐饮经营者总会考虑到消费者的渴望，让消费者亲眼看到“热闹加工”场面，同时发出“愉耳声音”，让消费者有一种“如家”的亲切感，拉近与消费者的心理距离，同时展现产品的加工特色。

例如：沈阳的“辽河渡口”有优秀的“可视化厨房”，其加工颇具特色，呈现热闹氛围，让消费者倍感欣喜，无形中拉近了与消费者的距离。

2. 报菜之音

“报菜品名称”是一项餐饮技术活，老字号的“报菜名”更是其文化底蕴的重要展示，好的“报菜名”可以让菜品的卖点更加凸显出来，让菜品的特色传递出来，同时配以或高昂或激扬或顿挫的声调，一方面营造“品尝菜品”的良好氛围；另一方面表现菜品特色，两全其美。优秀的企业总会有优秀的“报菜名”，这也是餐饮企业促销菜品的一个重要环节。

3. 愉悦之乐

目前高端的餐饮场所多有“伴餐音乐”，餐饮经营者多数想通过“伴餐音乐”让消费者心情高兴，在愉悦的氛围中就餐，同时提升“特色菜品”的点餐概率，从而扩大菜品销售；与此同时，如果店内音乐能和就餐主题、菜品主题等结合起来，无疑会促进菜品销售。

例如：上海某充满设计感的餐厅主营泰国和韩国风味菜，其设置了一个专门的“阳光玻璃房”，其内的音响设计，可以让人带着个人音乐设备来营造专属空间，愉悦中表达了自己个性，音乐同样很精彩。

二、嗅觉诱发

1. 诱人香味

菜品多是有“香味”的，色香兼具的菜品总会极大吸引就餐者，美妙的菜品口味自己会推销，口味诱人是特色菜品的“一大亮点”，大家可以想象：在幽雅的餐厅里菜品香气四溢，那是一种何等惬意的情境，诱人的香味必会大大促进菜品销售。

2. 爽味厅堂

每家餐厅都有自己的“主题特色”，餐厅装修设计、空间设计和环境装饰等均会依“餐厅主题”而设，可无论何种“餐厅主题”总需要提供清爽、幽雅的就餐环境，包括清爽的大堂、必要的厅室等，舒心、愉悦的就餐环境是极为重要的，同时不能有刺激性气味、过大的烟熏味等，积极创造清爽、舒适的气味。

三、视觉亮点

1. 引人的宣传

餐厅的宣传往往是其吸引客流的利器，特价菜、特色菜、招牌菜等已经司空见惯地放在店门口最显眼位置，展现在菜单最大版面、最显眼位置；业内常有“500米远景宣传、100米中景宣传、50米近景宣传”之说，优秀餐厅多在500米外就展开宣传攻势，以指示牌、大型店牌等提升餐厅的“外现式推广”，而在100米时就注重门店品牌展示，以招牌展示、品牌展示、明星菜品等“品牌式推广”为主，在50米时更侧重招牌菜展示、明星菜品展现、产品组合展示等，这些引人入胜的宣传会大大增加品牌的曝光度，提升品牌的知名度，提升品牌的优秀形象，更会极大提升特色菜、招牌菜等的知名度。

2. 喜人的店招

“餐厅店招”是企业主题特色展现的重要手段，店招与企业文化、餐饮特色、主打菜系等密切相关，必须充分表达品牌内涵，传递企业的“特色价值”，字体、颜色、设计等有机组合，“一种招牌”就是一种文化，优秀的餐厅总会有其优秀的品牌文化，有其优秀的“店招”。

例如：知名餐饮企业“全聚德”其名字颇有渊源，招牌古色古香，极好传达深厚传统文化内涵，正如周恩来总理所言，“全而无缺，聚而不散，仁德至上”是其典型品牌精神的精辟诠释，店招也是其品牌精神的重要诠释。

3. 主题式大堂设计

“主题式餐厅”是未来餐饮企业发展的一大趋势，优秀餐厅总会有其主题风格设计，大堂是消费者就餐的主要场所，其空间划分、装修风格、设施布局等须符合目标消费者定位，满足其消费者就餐的品位需求，这是消费者“视觉营销”的重要部分，也是决定餐厅档次、消费者定位展示的主体部分，对餐厅生意额提升极为重要。主题式大堂设计就是要展现餐厅品牌内涵，传递目标消费者品位，表达就餐者的品质需求。

例如：湘菜馆“湖南元素”的大量展示，东北菜馆“碎花布”等东北地域元素的展现，这些都是餐厅经营的主题设计展现，餐厅因“主题设计”而美，更因“大堂设计”而火。

4. 美观之产品

菜品之美包涵“色、香、味、形、器”等多种，优秀的产品总会囊括多种、突出自有特色，菜品之美在于“曼妙之形”，展示出色的形状，或以雕工或以手法或以小菜品陪衬等来塑造；菜品之美在于“香味之浓、色彩之美”，四溢的香味、曼妙的外形总会带来销量的增长和翻台率的增加。

典型案例：上海老饭店创建于清光绪元年，原名“荣顺馆”，位于“豫园旅游区”内，有“品味源头上海菜，驻足百年老饭店”之美誉；其有一例名菜“鸽蛋圆子”，体积小巧，形似鸽蛋卵，技术含量高，深受中外消费者的欢迎。

四、触觉感知

1. 赏心之器

就餐的器皿是极为重要的，好的“餐具”总会让人浮想联翩，让人赏心悦目，好心情带来好食欲，谁能在好的器具下忍住胃口不发呢。赏心之形，源自配合菜品特色的表现，源自异形器具的展示，源自高雅器皿的放置；赏心之器产生“愉悦之情”，引发“食欲大增”。

2. 手撕之乐

有些餐厅除了用筷子之外，对于肉制品、排骨类等会推出“手撕之乐”，手撕可以让消费者更加舒心，体验手撕的快乐，充分表达欢乐的心情，优秀的餐厅还会提供一些手套、擦手巾等手撕用具，乐趣产生在过程中，呈现在脸上。

五、味觉享受

1. 品味

餐饮重在口味，好口味带来好胃口，好胃口带来好销量。口味的调制和食材采购、调味选择、加工手法、盛放器皿等息息相关，好食材带来好口味，好口味引发好滋味，而“好滋味”是要“品”的，优秀餐厅总会精算菜品烹制的时间、上桌的时间、品尝的最佳时间、品尝的最佳食材部位等，以提供绝佳的美味给消费者。“品味”是消费者享受美食的重要一课，品之美味，食若甘饴。

2. 尝品

美食一要品、二要尝，尝是要更好地享受“美好滋味”，品尝“菜品价值”，真正让消费者感知菜品的特色，体验到“美好滋味”，在初次“品味”后更加关注到“尝”的体验，让消费者体验到“尝”的美妙，餐厅可以提供小型分餐具、品尝器、小盘器等，将菜品特色真正传达出来，让消费者体验到“美妙滋味”，食不厌精、脍不厌细。

3. 开胃

消费者体验到“美妙滋味”后，还是要解决“温饱问题”，还是要“大快朵颐”的，此时餐厅须提供的就是量大的餐具、及时的清洁用品等，让顾客感觉到餐厅的细心、耐心、诚心，同时感受到餐厅的贴心，这些美好感触会让消费者更加愉悦，胃口也会大开。

六、联觉魅惑

1. 美妙之想

就餐过程是“美食体验”的过程，更是消费者释放感触、表达心情的过程，面对美妙的菜品、精美的器皿、诱人的香味，消费者怎会不产生“美妙之感”，怎会不为这些“美妙之想”而大开钱包，美妙之想源自亮丽菜品、美妙外形、服务之心等。

2. 回味之想

餐饮是“舌头上的活”，品菜时是在“感触”，尝菜时是在“感觉”，开胃时则是在“享受”，回味在其中，享受也在其中，此种回味因餐具之美而动心，因美妙之味而上心，因体验之悦而回心，服务、体验等皆在其中。

3. 回头之想

消费者是多变的，但其尝新、尝鲜、尝特的美食心情是不会改变的，增加消费者的消费频率、消费金额、消费档次等是餐厅销量提升的关键环节，“回头之想”须通过及时送上会员卡、递上优惠券、提供更多的免费服务等手法来实现，更须通过提供雅致化的消费环境、尊贵式的体验等来保证，“回头之想”大有可为。

第一节　视觉饮食消费心理

光作用于视觉器官，使其感受细胞兴奋，其信息经视觉神经系统加工后便产生视觉。人们的饮食心理感受首先是视觉感受，所以菜肴五要素中把色泽放在了首位。烹饪竞赛的评分准则也是把菜肴的色泽放在了第一位。可见，人们已经把视觉饮食心理运用到饮食生产实践之中。

一、色彩心理

饮食消费视觉心理主要包括饮食对象的视觉感受，影响因素有光线、消费者的视觉敏感度和餐饮企业产品的色泽外观等。

色彩心理是客观世界的主观反映。不同波长的光作用于人的视觉器官而产生色感时，必然导致人产生某种带有情感的心理活动。事实上，色彩生理和色彩心理过程是同时交叉进行的，它们之间既相互联系，又相互制约。在有一定的生理变化时，就会产生一定的心理活动；在有一定的心理活动时，也会产生一定的生理变化。比如，红色能使人生理上脉搏加快，血压升高，心理上具有温暖的感觉。长时间红光的刺激，会使人心理上产生烦躁不安，在生理上欲求相应的绿色来补充平衡。因此色彩的美感与生理上的满足和心理上的快感有关。

图3-1　红烧肉

1．红色

红色是所有色彩中视觉感觉最强烈和最有生气的色彩，它有强烈的促使人们注意和似乎凌驾于一切色彩之上的力量（图3-1）。它炽烈似火，壮丽似日，热情奔放如血，是生命崇高的象征。人眼晶体要对红色波长调整焦距，它的自然焦点在视网膜之后，因此产生了红色目的物较前进、靠近的视觉错觉。

红色的这些特点主要表现在高纯度时的效果，当其明度增大转为粉红色时，就戏剧性地变成温柔、顺从的性质。

2．橙色

图3-2　布丁

橙色比原色红要柔和，但亮橙色仍然富有刺激和兴奋性，浅橙色使人愉悦（图3-2）。橙色常象征活力、精神饱满和交谊性，它实际上没有消极的文化或感情上的联想。

3．黄色

黄色在色相环上是明度级最高的色彩，它光芒四射，轻盈明快，生机勃勃，具有温暖、愉悦、提神的效果（图3-3）。常为积极向上、进步、文明、光明的象征，但当它浑浊时，就会显出病态和令人作呕。

4．绿色

绿色是大自然中植物生长、生机盎然、清新宁静的生命力量和自然力量的象征（图3-4）。从心理上，绿色令人平静、松弛而得到休息。人眼晶体把绿色波长恰好集中在视网膜上，因此它是最能使眼睛放松的色彩。

5．蓝色

蓝色从各个方面都是红色的对立面，在外貌上蓝色是透明的和潮湿的，红色是不透明的和干燥的；从心理上蓝色是冷的、安静的，红色是暖的、兴奋的；在性格上，红色是粗犷的，蓝色是清高的；对人机体作用，蓝色降低血压，红色增高血压，蓝色象征安静、清新、舒适和沉思（图3-5）。

6．紫色

紫色是红青色的混合，是一种冷红色和沉着的红色，它精致而富丽，高贵而迷人（图3-6）。偏红的紫色，华贵艳丽；偏蓝的紫色，沉着高雅，常象征尊严、孤傲或悲哀。紫罗兰色是紫色的较浅的阴面色，是一种纯光谱色相，紫色是混合色，两者在色相上有很大的不同。

图3-3　盐焗鸡

图3-4　秋葵

图3-5　蓝莓

图3-6　紫甘蓝

二、餐饮产品色彩心理

1. 白色

白色给人的感觉是整洁、软嫩、清淡、质朴、素雅。色泽以白色为主色调的名菜有芙蓉鸡片、奶汤白菜、赛银鱼、银耳羹、清汤鱼圆、羊汤等。白色菜肴不宜油大，否则给人腻口的感觉。白色菜肴不宜搭配色泽明亮和艳丽的配料和围边，否则易喧宾夺主。

2. 红色

红色，象征着热烈、奔放，是与味觉关系较为紧密的色彩。红色菜肴中的明菜肴珊瑚鳜鱼、葡萄鱼、东坡肉、樱桃肉、罗宋汤、扒烧整猪头等。红色菜肴，色泽艳丽、明快活泼、味道浓厚。这类菜肴不宜用于青年白领为主打的餐厅。

3. 黄色

黄色，给人的感觉是温暖、高贵、清香、酥香、糯香，浓厚味觉略次于红色。以黄色为主色调的菜肴有炸虾球、菊花丸子、蟹黄鱼翅、南瓜盅等。

4. 绿色

绿色给人以明媚、清新、鲜活、自然的感受，象征着生机勃勃的生命力。但是也有人厌恶绿色，对绿色的菜肴没有食欲。新鲜蔬菜为主料的如芹菜、韭菜、油菜、莴笋等的菜肴以绿色为主色调。

5. 茶色

茶色（咖啡色、褐色）是红茶、咖啡、巧克力所具有的本色。它具有浓郁的芳香，如南煎丸子、烤鸭、烧烤鸡块、干烧鲫鱼、熏鱼。这些菜肴具有浓郁的色彩，因此说茶色有加强味感的作用。

6. 黑色

黑色给人以煳苦感。但油黄的深枣红色，似黑却有味浓、干香的特色，给人耐人寻味、余味隽永的印象，如五香牛肉干、豆酱、黑枣等。

7. 蓝色

蓝色给人不香或不是菜肴的感觉。天然的食物几乎无蓝色。但蓝为冷色，使人舒坦，有清净、凉爽的效果。用白底蓝花的鱼盘，盛青灰、嫩白的酣椒鱼，在吃了冷荤、热炒，喝了烧酒、耳热舌燥之时，将其上桌，则很素雅清爽，使人有沉静和回味之感。

【学习探究】

讨论菜品设计的感知觉因素应用

如何才能使菜肴的色彩调配得合理，诱人食欲呢？归纳起来就是“本、加、配、缀、润”五个字。

1. 本

“本”就是在烹调中充分利用原材料天然的色与形，这是烹调中应用最广泛的配色方法。如用白菜、西米、白扁豆、白菊花、白萝卜、银耳、熟蛋白、豆芽、肥膘肉等原料的白色，用火腿、香肠、红辣椒、精瘦肉、香菇、胡萝卜、番茄等原料的红色，用大蒜苗、韭菜、菠菜、青椒、豌豆苗、青豆、青葱、芹菜等原料的绿色，用韭黄、金针菜、生姜、熟蛋黄、冬笋、黄菊花等原料的黄色，用紫菜、冬菇、黑木耳、海参、黑芝麻等原料的黑色，进行天然调色。起源于南宋吴中的名菜“玲珑牡丹鲊”，便是用青鱼片拼成了一朵牡丹花形，上笼蒸后鱼片呈微红色，像朵盛开的牡丹花，这就是充分运用本色原料做出的著名菜肴。

2. 加

“加”是在烹调中对一些本身色泽不太鲜艳的原料，通过适当的佐料或人工合成色素，使其菜肴的色彩鲜明。如粤菜中的“咕咾肉”，把里脊肉炸成金黄色后，浇上一层鲜红的山楂糖汁，不仅味美，而且具有透红的艳丽色泽，诱人食欲。常用人工合成色素有苋菜红、胭脂红、柠檬黄、青靛蓝、日落黄等五种。不过，在实际烹调时，应严格按照国家标准执行，以保证食用安全和身体健康。

3. 配

“配”是在烹调过程中，我们将几种不同色泽的原料配在同一菜肴中，让其相互衬托增色。一般采用顺色配和逆色配两种方法。顺色配只限于暖色和中性色，如暖色调的红色（大红、金红、玫瑰红），黄色（金黄、乳黄、橙黄、鹅黄），中性色中的绿色（深绿、翠绿、草绿、墨绿）等。这里要说明的是近色不能互配，如红辣椒与番茄、黄花与鸡蛋黄、青椒与蚕豆瓣，反正在红黄绿三色中任意选两种互配才会体现鲜明、生动、清爽、雅致的色调来。例如翡翠口蘑（翠绿色豆瓣与乳黄口蘑）、香椿炒鸡蛋（墨绿色香椿与鹅黄色鸡蛋）、菠萝鸭片（橙黄的菠萝与酱红色的烤鸭片重叠相间）。逆色调即暖色调或中性色调与冷色调互配，这样的配色常常给人以节奏感，跳跃起伏，色彩的反差大，更富有视觉冲击力，也更有韵味。如黑与白的香菇鸡丝，红与黑的红油海参，红与绿的锅贴螃蟹等。“配”不仅要讲究菜肴本身的衬托，而且还要注重与外界环境的配合。比如利用灯光来使菜肴增色，将辅助光源（如射灯）照射在菜肴上，可以起到两个基本作用：保温和增色。所谓保温，可以对热菜或点心起到防冷及增脆；所谓增色，即不同光谱的灯光，可以给不同色彩的菜肴增添色彩，增加美感。如果再配以一定的烟雾效果等，更能够增进菜肴的色、香、味功能。

4. 缀

“缀”是菜肴点缀的艺术美、形态美。虽然菜肴的色彩和造型至关重要，但也不可忽视菜肴点缀和围边的作用。在一般情况下，都是通过上述这两种装饰方式来体现菜肴的形态美。点缀与围边既可以美化菜肴，又省时省料，是比较适用的装饰方法。菜肴的点缀与围边，是吸取了西餐菜肴的装饰手法：其一，中餐菜肴点缀与围边的原料多是可食性的，并具有调剂口味的作用；其二，合理营养搭配。因点缀与围边的原料多属植物性原料，而它所装饰的菜肴则多是动物性原料；其三，点缀与围边因菜而异，一些以刀工成形的菜肴，无需任何装饰，同样给人以美的享受。像“芙蓉鸡片”（以鸡肉的白色为基调，再配一些绿色的蔬菜，就可以把鸡片的白色烘托陪衬得更加突出）、“锦绣鱼丝”等。

本身就具有配料色彩和刀工技艺的美，如果再把它加以装饰，反而会使人产生太花哨、不实在的感觉。所以，我们应本着“既好看，又好吃”的原则烹制菜肴。这种方法若运用得当，可以起到画龙点睛的效果。如鲁菜的“炒虾片”，如果我们不给它进行点缀美化，它不过是一盘较好的普通菜肴，而如果在烹制时，给它配上几片小菜心、盘边点缀几朵鲜花，效果就会截然不同了。洁白如雪的虾片，衬着碧绿的菜心，在色彩上有了鲜明的对比，再加盘边所饰的鲜花，真有“万绿丛中一点红，白雪之中春意浓”的趣味。通过这简单的点缀，既省时省料，又能提高菜肴的观赏价值，我们何乐而不为呢。

上述菜肴实例还有许多，如：“扒鱼脯”“油爆鱼芹”等。若点缀上几片小菜心或在盘边处点缀上两片绿色的蔬菜叶或鲜花，都可以改变菜肴整体视觉效果。虽然点缀所用之料微小，在菜肴中处于附属地位，但是它却有加深整体菜肴的意境之美和画龙点睛的作用。值得注意的是，装盘的点缀，无论中菜、西菜，一般都以素菜作为烘托，不要喧宾夺主，要突出主菜本身。点缀的素菜，要在品种和形式上多变化，不要都是萝卜花、香菜叶、黄瓜环。

5. 润

“润”的表现手法有两种：其一，是在菜品上增加适量的调料润色后，能使原来的色彩更加夺目，如在白斩鸡上涂层麻油、放上几根香菜；其二是以盛器润色菜肴，如我们平时做的珍珠丸子、熘鱼丁，菜是白色，若再用白色或接近白色的瓷盘来盛装，则给人以单调的感觉，如果配以青瓷盘，就能衬托出菜肴晶莹纯白的色泽，给人以清新之感。盛装时还应注意到整个菜肴的色和形的和谐美观，运用盛装技术把原料在盘中排列成适当的形状，同时注意主辅料的配合，使菜肴在盘中色彩鲜艳，形态美观。例如红烧肚裆（青鱼腹部）平行整齐排列；又如南乳肉应装在盘子的正中，四周或两头用绿叶菜围边，使色泽更加鲜艳（应先围边，再盛装主菜）。中国烹饪历来讲究美食美器。一道精美的菜点，如能盛放在与之相得益彰的盛器内，则更能展现出菜点的色香味形意来。再则盛器本身也是一件工艺品，具备了欣赏的价值。如选用得当，不但能起到衬托菜点的作用，还能使宾客获得一种视觉艺术享受。

第二节　嗅觉饮食消费心理

一、味觉感受器

1. 味觉感受器的结构

人们对五官的认识，味觉最迟。19世纪初期，著名生物学家贝尔才第一次发现舌的味蕾是味觉的器官。1925年，科学家才进一步证实，人的舌面上不同部位的味蕾掌管不同的滋味，才初步揭开了味觉感受器的构造。

舌头是感受味道的主要器官。舌上覆盖着很多小的突出部位，即乳头，乳头有两种，一种不感受味道，只具有防滑的作用，另一种就是负责感受味道。每一个味觉乳头有一个或多个味蕾——真正的味觉感受器。味蕾不仅分布在舌头上，而且还分布在软硬腭以及口腔和咽喉的区域。因此我们吃食物时，除了舌头接受味道的刺激外，口腔的其他部位一直至咽喉都能受到不同程度的刺激。一般来说，儿童的味蕾分布较成人更广、更多，随着年龄的增长味蕾的数目逐渐减少。味觉感受器获得的刺激，沿着味觉神经传入大脑皮质内的有关部位，于是，大脑皮层就会产生相应的味觉感受，品味的初始阶段才告一段落。

味觉是指食物在人的口腔内对味觉器官感受系统的刺激产生的一种感觉。就生理上来说，基本的味觉仅包含咸、甜、苦、酸四种，人的几种基本味觉来自我们的舌头上的味蕾，舌头前部，即舌尖有大量感觉到甜的味蕾，舌头两侧前半部负责咸味，后半部负责酸味，近舌根部分负责苦味。实际上我们舌头上的味蕾可以感觉到各种味道，只是有不同的敏感度。辣不属于味觉，乃属于痛觉，它能直接刺激我们的舌头或皮肤的神经。所以基本味觉只有四种。不过，在实际生活中，不同地域的人对味觉的分类不一样。

2．味觉的属性及其刺激

我们从各种食物中感受到的千差万别的滋味，一般认为，是由四种基本的味组合成的。这基本味就是：咸、甜、苦、酸（图3-7）。

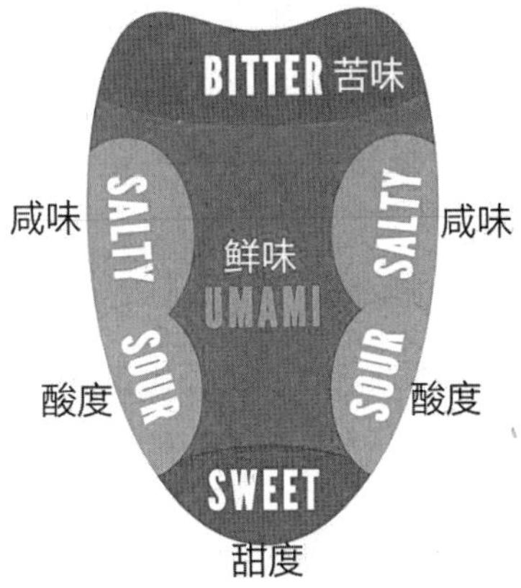

图3-7　舌头上的味蕾分布

从味觉的分工来看，舌尖对甜味最为敏感，舌根对苦味最为敏感，舌的两侧前部对咸味最为敏感，舌的两侧中后部对酸味最为敏感。

从味觉对不同呈味物质的感受能力来看，也不是相同的。例如，人对苦味物质最敏感，溶液中有0.00005%的苦味物质就产生味感。这也许与原始人为了识别有毒物质而长期积累的经验有关，是出于本能的选择。甜味物质以蔗糖为例，要在溶液中达到5%才会被感知，醋酸需要达到0.0012%能感到酸味，咸味需要2%的食盐含量能感觉到。

除了味道外，我们还常常会产生其他的味感，如涩感、粉末感、烧灼感、油腻感、黏稠感等，这些感觉其实并不是依靠味蕾来获得的，而是借助于嗅觉、触觉来完成的。

3．味觉感受的变化

人们对味觉的感受，并不是固定不变的。不同的个体存在差异，同一个体在不同的时候和不同的条件下也会有所不同。例如，上面所说的对各种滋味的感受，是最低的浓度，如超过一定的浓度，味感会产生变化。因此我们常有“咸得发苦”“甜得发腻”“鲜得发涩”等说法。过了浓度的滋味会发生变异，这是我们不能不考虑的。

温度对味感也会造成影响。一般来说，味觉感受器对滋味的分辨力和敏锐程度，以10℃至40℃为佳，尤以30℃最佳。

再如，滋味在不同情况下，会互为对比、相互转化和相互转换。互为对比：如15%的蔗糖与0.1%的食盐混合在一起，味觉感受就会产生比单纯的蔗糖溶液更甜的感觉。相互转化：糖、醋、盐的适当比例的混合，会产生酸甜的感觉。相互转换：对苦味适应后，白开水也会有甜味；适应甜的味道后，会觉得酸的味道更酸。

在四种基本味觉中，人对咸味的感觉最快，对苦味的感觉最慢，但就人对味觉的敏感性来讲，苦味比其他味觉都敏感，更容易被觉察。

阈值：感受到某种呈味物质的味觉所需要的该物质的最低浓度。常温下蔗糖（甜）为0.1%，氯化钠（咸）0.05%，柠檬酸（酸）0.0025%，硫酸奎宁（苦）0.0001%。

根据阈值的测定方法的不同，又可将阈值分为：

绝对阈值：是指人从感觉某种物质的味觉从无到有的刺激量。

差别阈值：是指人感觉某种物质的味觉有显著差别的刺激量的差值。

最终阈值：是指人感觉某种物质的刺激不随刺激量的增加而增加的刺激量。

4．影响嗅觉的因素

人的嗅觉是十分敏锐的，能够分辨出成千上万种不同的气味。然而，长时期接受同一种气味，会钝化嗅觉的感受力。“入芝兰之室，久而不闻其香。”不是由于香气的减弱，而是嗅觉感受力的弱化。所以在味觉审美过程中，不同香气的菜肴食品，往往更能增强感受的强度，引起更强烈的快感。

人的嗅觉感受还制约于嗅觉记忆。我们常常把嗅觉得到的信息与贮存的嗅觉记忆相对照，唤起相似的美好体验。嗅觉是引起回忆的重要的媒介。

二、从感觉到审美

人的味觉感受能力不是天生的，它是在味觉活动的长期实践中，由低级向高级发展起来的。作为人体最先接触食物的部分，在反复的刺激中，逐步形成对食物化学性质的反映功能。食物化学性质的最直接体现，就是味道。这就是味觉的感受能力。随着人类的进化，味觉感受的功能不仅仅是为了维持生命而进行食物的选择，而且增加了享受性的功能，也就是说，在饮食的感受中同时得到愉悦。

从生存需要到享受美味，从生存目的、饱腹目的上升为审美目的，对于这种变化发展，我们可以从两个方面进行分析。

1．长期的饮食实践

长期的饮食实践必然使人类的味觉感受器产生新的组织结构变化和功能变化。人类今天的味蕾结构肯定不同于原始人的味蕾结构，人类今天的味觉敏感，同样也不同于原始人的水平。在追求美食和品尝美食的漫长过程中，人们一方面提高了自身的机体素质；另一方面也必然促使味觉感受器不断进化。正是从这个意义上，马克思说“五官感觉的形成是以往全部世界历史的产物。”

2．人类的饮食活动

人类的饮食活动虽然有生存和享受两方面的目的，但从本质上看，两者是一致的。一般来看，富有营养的食物总是鲜美的，也就是说审美的本源是实用，这在味觉审美中表现得尤其明显。人类今天的食物范围是亿万年选择的结果，其所以适口、味美，所以能引起味觉的愉悦，无非是因为符合生存的目的。在人类对环境的适应中，由于长时期从机体需要出发食用某类食物，就逐步形成了对该类食物的味觉美感。如果饮食的生存目的与美感目的相冲突，机体就会自行纠正和适应。

因此，人类的味觉美感结构，从根本上说，是在长期的生存实践中形成的，与生存相悖的食物（即有害的食物），就不可能进入味觉美感结构。

第三节　触觉饮食消费心理

触觉是肤觉中的一种，是指外界物体接触皮肤表面（不引起皮肤变形）所引起的感觉。与人们的饮食消费心理关系密切的触觉就是口腔触觉，即人们常说的口感。口腔触觉的分类通常被归纳为嫩、老、脆、烂、松、软、酥、糯、爽、滑、绵、润等。

一、触觉饮食心理的分类

1．嫩

不管荤菜、素菜，几乎都是以嫩为美，尤其是爆炒类菜肴，非嫩不可。嫩，是人的口感所追求的第一快感（图3–8）。

2．脆

脆是指入口干净、爽利。脆与嫩、松等口感复合成脆嫩、松脆等，更能给人以快感。如山东菜油爆双脆、爆腰花，外脆里嫩、口感极美（图3–9）。

3．松

松的快感是松软、易下口，对于牙口欠佳的人来说，松是重要的快感。很多糕点都是以松软见长的。菜肴中也有这种情况，如油炸粉丝，白如雪团，入口松软易化（图3–10）。

4．软

软的快感是柔和、软绵。在糕点、菜肴中都有以软见长的例子。软与硬对立，一般都忌硬求软（图3–11）。

5．糯

糯是因为食物的黏性而产生的一种口感，能给人以缠绵、柔美的快感，如八宝饭、冰糖银杏、蜜汁湘莲等（图3–12）。

6．烂

菜肴一般来说是忌老、烂的，但一些烧、煮、炖的菜却要求烂的质感。老年和儿童喜欢这类的口感，例如腐乳肉、酒香肉、烤乳猪，都有烂而味浓的特点（图3–13）。

图3–8　嫩质食物

图3–9　脆质食物

图3-10　松质食物

图3-11　软质食物

图3-12　糯质食物

图3-13　烂而味浓的食物

7．酥

酥是松、脆、软的综合口味。油酥饼、东坡肉，都是以酥烂见长的。

8．爽

爽是爽口、利齿。爽并不是多数菜肴所具有的口感，因为爽与烹法、原料有关系（图3-14），例如氽墨鱼丸就是以爽见长。

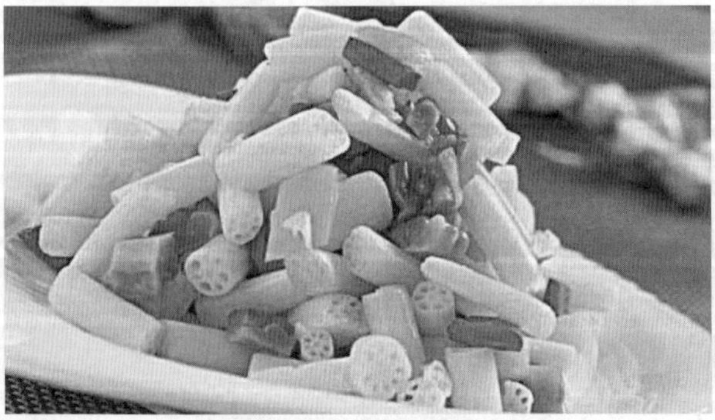
图3-14　爽感食物

图3-15　滑质食物

9. 滑

入口滑溜、柔润称为滑。滑与涩对比，涩通常会引起口感的不适，但也不能一概而论（图3-15）。

10. 绵

软、糯、黏、烂的综合效果为绵。绵能给人以缠绵、轻柔之感（图3-16），通常会受老年人的喜爱。

图3-16　绵质菜肴

11. 老

老为一般菜肴所忌，只是在特殊情形下特意追求这种口感（图3-17），老而韧的川味牛肉干深受人们喜爱。

12. 润

润有滋润、滑润、油润之分，水分较多的菜肴，特别是汤类，容易收到润口的效果。润是一种容易深入到心里的快感。

图3-17　老质菜肴

13. 枯

焦枯为一般菜肴所忌，但在特殊情况下，焦枯也是一种快感享受（图3-18）。如油炸脆鳝、枯炒牛肉豆丝。

14. 清

一般来说，汤的质感要求清亮见底，忌油腻混浊。清不仅作用于口感，而且作用于心理，能给人愉悦的感觉。

15. 麻

麻既是味感又是口感，花椒里有山椒醇之类的物质会激发负责颤动的神经运动，然后舌头高频率不自主地颤动，就形成这种麻的感觉了，麻婆豆腐就最具代表性。

图3-18　枯质菜肴

总之，不同原料、不同烹饪方法的菜肴往往给人们以不同的口感，从而广泛地影响着人们的饮食消费心理。

二、触觉饮食消费心理效应

1. 嫩

不管荤、素，大部分菜肴都是以嫩为美，尤其爆炒类菜肴，非嫩不可。嫩是人的牙齿所追求的第一快感，如芙蓉鸡片、糟熘鱼片，入口嫩滑。

2. 脆

脆的快感是入口干净、爽利。脆与嫩、松等口感复合成脆嫩、松脆等，更能给人以快感。山东油爆双脆、爆腰花就是外脆里嫩、口感极美；黄瓜、萝卜的口感都很脆；又如油爆木鱼花的质感爽脆；还有水晶虾仁、珍珠虾仁中虾仁的质感也是脆的；冰镇苦瓜沾上蜂蜜，其口感也是脆的。

3．松

松的快感是松软，对于牙口欠佳的人来说，松是最重要的快感。很多的糕点都以松软见长，菜肴当中也有这种情况，例如油炸的粉丝很松软，白如雪团，入口松软即化。

4．软

软的快感是柔和、软绵。糕点、菜肴中都有以软见长的例子。软与硬对立，一般都忌硬求软。

5．糯

糯是因食物的黏性而产生的一种口感，给人以缠绵、柔美的快感，糯的食物有八宝饭、冰糖仁杏、蜜汁湘莲，这些菜肴的口感是一种软、香、糯的感觉，糖在中间起到了连接作用。

6．烂

菜肴一般是忌老、烂的（因老、烂恰好与脆、嫩对立），但一些烧、煮、炖的菜却偏要求烂的质感。如腐乳肉、酒香肉、烤乳猪，都有烂而味浓的特点。

7．酥

酥是松、脆、软的综合口味。油酥饼、东坡肉都是以酥烂见长的。酥分为两种，一种是硬酥，另一种是软酥。如江苏菜以酥而见长，酥烂脱骨，不失其形；滑嫩爽脆，不失其味。东坡肉、东坡肘子、狮子头的酥是一种软酥。

8．爽

爽是指爽口、利齿。爽并不是多数菜肴所具有的口感，因为爽与烹法、原料有关系。如余墨鱼丸非常的爽滑、有弹性，但如果将鱼丸做得过于细嫩，就失去了它的爽滑质感。鱼丸入口即化，但是没有鱼的味道。如果把虾仁、虾丸、墨鱼丸做得太硬，虽然有弹性，但是入口不爽。所以在烹饪菜肴时，必须保持食材入口一瞬间的质感。

9．滑

入口滑溜、柔润称为滑，滑与涩是相对的。涩通常会引起口感的不适，但不能一概而论。像墨鱼丸质地爽滑，用筷子夹起时非常有弹性，入口时质感有点软滑、滑爽；鱼狮子头也是爽滑、绵、软、糯的综合口感。

10．绵

软、糯、黏、烂的综合效果为绵。绵能给人以缠绵、轻柔之感，通常深受老年人的喜爱。例如我们吃的棉花糖就是绵的，菜肴中应用棉花糖进行造型，既实用，又可以增加美感。可将棉花糖装饰于菜的一边，边缘摆放上干炸菜。

【拓展应用：分析饮食消费感知觉与餐饮营销的内在关系】

菜系异地移植的“加减法”

一家北方酒店管理公司接受了浙江杭绍平原的某四星级酒店的全权委托管理。按常规，管理公司在合同签署前后，对当地和周边的市场做了多次的考察，编写了详细的经营管理方案，其中包括餐饮的经营。

方案认为，公司的强项——新派豫菜在杭绍区域属于稀缺菜系，供给严重不足，市场潜力巨大，将大有可为，因为杭绍历史上属于南宋文化区域，浙菜受宋代菜肴的影响延绵至今，如杭州城内的知名餐馆“大宋坊”的宋菜很受食客青睐。于是，公司派出的行政总厨、头灶、二灶等全面接收厨房的管理与运作，但多数厨师和厨工还是当地人。

新派豫菜以烩、炒、酱爆、煲煮、炝锅为主，选用黄河流域的鲤鱼、甲鱼和山野原料为主，色浓味重，一时也受到宾客的欢迎，但一个月后新鲜劲过去了，生意就走下坡。对此，外派总经理很着急，要求总厨结合当地口味和原料进行改良，希望浙豫厨师和菜肴相互学习，优势互补，但总厨囿于菜系的门户和自身的能力，不但拒不接受，且坚持己见，把责任推给消费者和其他厨师。为此，集团餐饮总监和总厨也亲自来酒店实地操作，希望总厨能用当地菜肴之长，补己之短，内外厨师一条心，打响浙豫菜系组合的品牌。然而，事与愿违，总厨还是把厨师们按门派划界，相互间对立情绪日益严重，当地优秀厨师陆续外流。对此，管理公司果断采取措施，将总厨调离，从杭州另聘一位即将退休的大师傅任总厨。

新总厨对杭绍菜肴十分熟悉，但厨房管理和南北菜系的组合创新能力差，新鲜事物的接受能力差，分工协调能力差，还是按照老法运作，菜单数月不变，餐饮的市场应变和供给软弱问题没有得到解决，营业收入和毛利依旧低迷。此事伤透了外派总经理的脑筋，成了灭火队员，常常下去协调厨师与厨房和餐厅关系，而新总厨由于资格高，既不买账，更不听楼面服务员反映的客户意见。

管理方无奈，只得再选总厨——年轻、懂管理、具有南北餐饮工作经历的人。经他人介绍，试菜、经历核查、厨房试运作等程序，终于从深圳找到一位具备大专学历和粤、浙、豫菜肴制作的中年大厨，由此，厨房由混乱走向和谐，由多月不变走向一月一变、一月多变，客人评价和营业收入也逐月上升，餐饮由低迷走向再度兴旺。

第四节　听觉饮食消费心理

听觉饮食消费心理效应由饮食环境中的说话声、就餐中的菜肴声音、服务人员的悦耳服务声和餐厅的背景音乐等声音因素引起。其中主要是餐厅的背景音乐。

一、背景音乐

背景音乐是指人为设置的，相对稳定的，介于人们有意识与无意识间欣赏，在地位上从属于事件主体，根据设置者的需要而发挥不同的功用，起到烘托、强化事件主题，调节对象心理等作用的音乐。背景音乐有着悠久的历史。在我国，背景音乐的出现，应当说最早是从歌者伴奏开始的。我国战国时代的庄子，在妻子去世的时候，他“鼓盆而歌”，虽然其歌词史无记载，但“鼓盆”是说明了击节（打拍子）伴奏，在有音响变化的最早乐器出现之前，击节便是最简单的背景音乐。

二、背景音乐的功能

背景音乐的使用已经进入大众化时代。这里要着重指出的是用背景音乐来促进销售的这类用途，即利用背景音乐调动消费者的消费情绪，从而促进消费行为，提高产品销售量。背景音乐这种无形性的使用能够创造巨大的经济效益已不容置疑。例如，大型的酒店和餐厅采用背景音乐，可以改善餐厅和酒店的消费环境，通过音乐可以营造一个高雅脱俗的就餐氛围，从而提高酒店和餐厅的服务档次，无形之中就会吸引一些高经济消费群体就餐。背景音乐在酒店和餐厅的使用还可以帮助人们提高食欲，帮助消化，进一步刺激消费，提高酒店和餐厅的经济收入。背景音乐的基本功能在于吸引消费者的注意，同时，创造特定的环境气氛，给人以情感、情绪上的满足，调节人们的消费情绪促进消费行为的产生，从而产生经济效益。

三、餐厅背景音乐的选取

1．餐桌服务式餐厅背景音乐的选取

餐桌服务式餐厅在我国餐饮企业中占有相当大的比例，这类餐厅就是我们通常所说的“正餐厅”，实际中餐厅名称后一般又常常带有“酒家”“酒楼”“饭庄”等字样。这类餐厅经营品种丰富，不仅有当地人喜爱的菜系菜品，同时兼营其他菜系的菜肴。这类餐厅不仅接待散客，通常还承办会议、商务应酬、婚庆、祝寿等团体宴席。餐厅整体布局较合理，突出某一风格，力求给顾客提供较高文化品位的就餐环境。

一般餐桌服务式餐厅按装修风格分为古典风格中餐厅和现代风格中餐厅。古典风格餐厅不仅追求舒适幽雅的环境还极力营造浓厚的文化氛围，雕栏玉柱、亭台楼阁、小型的鱼池、精致的盆景、古瓷古画、典雅的帘幕、复古的餐桌餐椅等都给人以强烈的视觉冲击，而背景音乐作为另一种重要的方式为氛围增色。古典风格的中餐厅的消费人群主要以白领及商务人士为主，他们对文化氛围的要求相对较高，有较高的音乐欣赏、审美能力。

2．现代风格餐厅背景音乐的选取

现代风格的中餐厅追求简洁舒适而又不失幽雅的环境，有点类似北欧情调。相对于古典风格的中餐厅，它更强调突出品位。西方古典音乐、轻音乐、新世纪音乐这三种音乐风格都能较好地融入现代风格餐厅中。

现代风格的餐厅里古典音乐的选材，要注意三点。

（1）古典音乐的信息含量不能太大，太大的信息量会使消费者听觉上产生压力，从而使消费者感到不适。这里提到的信息量是指配器、和声等不宜太过复杂，篇幅不需太长，音乐织体尽量简单。

（2）内容尽量轻松，要避免选择过于沉重的话题。如，哈恰图良的马刀舞曲，像这样的战斗舞曲显然与咖啡厅要营造的休闲气氛相去甚远。

（3）以浪漫主义时期的音乐作品为主。舒曼《童年情景》中的《梦幻》，圣桑《动物狂欢节》中的《天鹅》，门德尔松的《威尼斯船歌》《春之歌》等小型钢琴体裁无词歌，肖邦的《升F大调夜曲》，柴可夫斯基（柴可夫斯基属于民族乐派）的《如歌的行板》，德彪西（德彪西是印象主义音乐的代表人物）《前奏曲》中的《亚麻色头发的少女》等都不失为现代风格餐厅的背景音乐较好的素材。

3. 特色餐厅背景音乐的选取

特色餐厅又可称为“主题餐厅”。这类餐厅的基本特征如下。

①特色餐厅的客源市场主要是那些追求某种特殊情调与氛围的特定客人，这类客人一般都具有某种相同或相近的兴趣爱好以及较高的文化层次。因此，就某一具有特色的餐厅来说，其客源市场一般都相对较小。

②餐厅装饰布局与服务的特殊性。特色餐厅为了满足那些追新求异的消费者对特殊气氛与情调的享受需要，一般都通过室内外的装饰与就餐服务来展现叫独特的风格。

特色餐厅背景音乐的选材要从四个方面进行定位。

（1）根据主题文化选择　一些特殊主题文化的餐厅，应以特殊主题风格的音乐与之相配。如“红楼宴”主题餐厅，少不了要播放《红楼梦》音乐，“西游记”的主题音乐自然是《敢问路在何方》。而美国的西部音乐适合穿便装进行消费的休闲主题餐厅，帕瓦罗蒂的图兰朵名曲《今夜无人入眠》和其他意大利歌剧适合于意大利高档餐厅。餐厅风格与音乐的巧妙结合，能够使餐饮环境、气氛更加融洽，主题更加突出。

（2）根据餐厅的环境　音乐要与餐厅的主题装修风格相吻合。古典式餐厅，挂有古代名画，加上古色古香的雕栏玉柱，使人沉浸于悠远的气氛之中。此时，若配上古典名曲，如《阳关三叠》《春江花月夜》之类的乐曲，则会给人以古诗一般的意境美。民族式餐厅，如云南傣族风味餐厅，布置椰树、竹楼、孔雀，在这样的环境里宴饮，配上云南民间乐曲，使人感到像置身于神秘的西双版纳。

（3）根据消费人群对音乐的欣赏与审美心理　对音乐的爱好往往因人的年龄、收入、文化水平和民族等不同而有所不同，餐厅要准确了解目标客源的音乐偏好，了解其最喜欢的音乐、最喜欢的音乐家、最喜欢的曲调，根据这些信息为目标顾客安排适当的背景音乐。

（4）考虑背景音乐对服务人员的作用　音乐对餐厅的服务人员也会产生积极或消极的影响。在考虑顾客偏好的同时，也考虑这样的背景音乐是否能增加员工工作的积极性。

【拓展与应用】

背景音乐遵循原则

1. 轻柔性

轻柔的音乐使人精神向上，心旷神怡，轻松愉快、舒适安逸；过重、刺激的音乐或噪声令人心烦意乱，上下不安，易感疲劳和易发怒；而无声的空间又使人孤寂难熬。因此，使用背景音乐必须遵循轻柔性原则。

其一，音乐作品方面的要求：结构简单、主题不太富哲理，旋律流畅、生动，风格高雅。以播放古典纯音乐、轻音乐为主，适当选择一些改编成单旋律单器乐演奏的流行音乐。

其二，音响设备、技术方面的要求：背景音乐一般采用中央音乐控制系统管理与操作，要求整套播音系统设备要精良、高品质，以及安装的合理化。操作人员要求具有娴熟操作技能，同时播放时不宜使用过多的混响，造成声音的浑浊不清，听觉不舒服，形成空间污染，破坏环境。音量以不被客人明显感觉，不打扰他人谈话为佳。

2. 融合性

其一，背景音乐与建筑风格、经营特色的融合。背景音乐力求与饭店整体形象、风格相一致，给客人以美的享受，留下深刻印象。如在一现代欧化的饭店里，应潺潺流淌着钢琴曲、小夜曲；而在具有浓郁民族风格的饭店里，应飘荡着古筝、琵琶、二胡等民族演奏的音乐；江南庭院式饭店回响着是柔美的丝竹乐；古朴典雅表砖碧瓦充满古文化式的饭店，听到的是埙、箫、编钟、古琴演奏的悠悠古乐，委婉、低吟，仿佛将人带回到那久远的年代，遐思万千。中西合璧式饭店相对选择音乐范围可大些，轻松优美，轻音乐、古典西洋乐、民乐，也可用西洋乐器演奏的民族音乐，如用钢琴演奏的《浏阳河》《彩云追月》等。

其二，背景音乐与客人的需要相融合，饭店管理人员应了解本饭店主要的入住客人的年龄、职业、国籍、文化程度、兴趣、爱好等情况进行播放音乐。如外宾较多的饭店应相对选择较多的西洋乐，年纪轻的客人较多的话，应侧重选择活泼、诙谐的爵士乐等，不论如何，饭店都应使所选择的背景音乐与各方面形成一个完美的整体，客人整个心灵世界处于一种和谐自由的境界，身心享受多维的情感体验之中。

3. 愉悦性

饭店是为客人提供休息、娱乐、餐饮的休闲场所。目的是消除客人身体紧张情绪，创造温馨浪漫气氛。使客人产生宾至如归的心绪，满足客人歇息的心理需要。因此，提供的背景音乐不宜使用主题太突出、戏剧性冲突较大、政治性强的音乐。如贝多芬的交响乐《命运》《英雄》等，强烈的交响乐破坏了环境。还有常常听到的乐曲《回家》（萨克斯曲）、《二泉映月》（二胡曲），优美的旋律在饭店响起，殊不知伤感的情怀已经包围了客人，产生赶快回家的念头。

·课后思考题·

1. 简述饮食消费者的感知觉与餐饮营销的关系。
2. 简述菜品色彩的感觉效应。
3. 简述口感与消费者的感知觉关系。
4. 听觉在饮食消费者饮食体验中的影响有哪些？
5. 如何利用饮食消费者的感知觉提供餐饮服务？

第四章 饮食需要与行为

CHAPTER 4

学习目标：

1. 了解饮食消费者的需要类型。
2. 了解饮食消费者的消费动机。
3. 掌握饮食消费行为的心理内因。

本章导学：

饮食满足人们的生理需要和心理需要的双重需要。需要产生动机，动机支配人们的行为。需要是饮食行为的基础和前提，那么心理学上的需要是什么？又如何理解？在饮食生产、经营和营销中如何自觉运用饮食消费者的需要心理呢？这些问题的解决有利于提高饮食产品的市场占有率，也有利于餐饮企业向饮食消费者提供个性化的服务。

第一节 饮食消费需要

【学习热身】

阅读“特色海派餐厅”，分析饮食需要及其餐饮业应用模式

上海的一家酒家是以本帮菜为主的海派餐厅。

整个餐厅被布置得奢华而不张扬，优雅而不轻慢。无论是大堂的立柱还是风沙石合成的花盆，该店给人的感觉是华丽而不庸俗的。而在环境和服务上，店家不仅考虑到客人的口味，更是注重被服务者的视觉享受和心灵的愉悦。所以在这里少了几分刻意，多了几分实在。

辛教授就是这家酒家的常客。常伏案写教科书的他，不时“偷得浮生半日闲”与家人来此小叙。他曾说“我喜欢到这里吃饭，是因为这里环境舒适、幽雅。”“潮式浸鲈鱼”是酒家的特色菜。辛教授非常喜欢吃这里的“潮式浸鲈鱼”，他还说：“这道菜脆滑中带香，香中带点酸辣，还有点麻，真是与川菜合成的经典。”

以本帮菜为主的酒家本着新鲜清淡的原则，制作工艺十分讲究。就以这儿的招牌菜“潮式浸鲈鱼”而言，被炸好的鲈鱼虽然浸在高汤里却丝毫没有掩盖它的脆滑，反倒更吊出鱼的鲜味。厨师不仅运用煎、炖、煮等方法，把食物烹饪至色、香、味俱全，而且融合了近年来颇受欢迎的川菜、杭帮菜，使得这款菜在花式、品种上都较以往更为丰富。

所以，无论是这里的“潮式浸鲈鱼”，还是“金牌虎皮牛仔肉”都很有特色，无不显示出厨师的独具匠心。

一、需要的含义

需要是有机体内部的某种缺乏或不平衡状态，它表现出有机体的生存和发展对于客观条件的依赖性，是有机体活动的积极性源泉。例如，血液中血糖成分的下降会产生饥饿求食的需要；而水分的缺乏则会产生口渴想喝水的需要。

一旦机体内部的某种缺乏或不平衡状态消除了，需要也就得到了满足。这时，有机体内部又会产生新的某种缺乏或不平衡状态，产生新的需要。当人需要某种东西时，便把缺少的东西视为必需的东西。人既是生物有机体又是社会成员，为了个体和社会的生存和发展，人对于外部环境必定有一定的需求。例如，食物、衣服、婚配、育幼等，是维持个体生存和延续种族发展所必需的。这种客观的必要性反映在人的头脑中并引起他内部的某种缺乏或不平衡状态时就会产生某种需要。需要表现出有机体的生存和发展对于客观条件的依赖性，它总是指向于能满足该需要的对象或条件，并从中获得满足。没有对象的需要，不指向任何事物的需要是不存在的。

二、需要的种类

人的需要是多种多样的。可以按照不同的标准对它们进行分类。大多数学者采用二分法把各种不同的需要归属于两大类。一是按需要的起源划分；二是按需要指向的对象进行划分。

按照需要的起源可以将需要划分为生物性需要和社会性需要两种。

1. 生物性需要

生物性需要，也称自然需要，是指保存和维持有机体生命和延续种族的一些需要，例如对饮食、运动、休息、睡眠、觉醒、排泄、避痛、配偶、嗣后等的需要。动物也有这类需要，这些需要也称生理性需要或原发性需要。

（1）进食需要　我们都有这样的经验，如果把平时进食的时间延后，就会产生饥饿感，当饥饿达到某种程度时就会产生进食需要，来自胃肠的感受冲动（如空胃运动）和血糖水平的降低是引起饥饿的实际刺激。下丘脑在进食调节中起着重要的作用。现已查明，下丘脑中有两个部位调节着有机体的摄食反应。下丘脑外侧核是进食中枢，如果用弱电流刺激该部位的细胞，动物甚至在刚吃完它所必需的全部食物后，还要大吃起来；如果完全损坏了该部位，动物表现为无食欲，拒绝进食，直至饿死。下丘脑腹内侧核是厌食中枢，如果用弱电流刺激该部位的细胞，动物会从给它的食物面前走开；如果损坏该部位，动物产生旺盛的食欲，从而使体重大增。用埋藏在脑内的细小导管向下丘脑这两个部位注射化学物质——高浓度盐溶液（兴奋剂）也产生同样的效应。进食中枢与厌食中枢具有交互抑制的关系，其中进食中枢是最基本的。此外，它们对摄食行为的控制可分为两种作用系统：短期控制和长期控制。

短期控制是指控制每餐或每天的进食量，长期控制是指在相当长的时期内控制食量以保持体重的恒定。影响下丘脑短期控制食欲的变量有三：血糖浓度、胃充实与否和体温。现已发现，在血糖浓度低、胃壁运动增强、大脑温度降低时下丘脑外侧核细胞发生反应，产生进食行为；相反，在血糖浓度高、胃部膨胀、大脑温度升高时，下丘脑腹内侧核细胞发生反应，导致停止进食。而这些短期控制机制又都受长期控制机制的调节，这样有机体的体重就保持恒定。下丘脑腹内侧核和外侧核又是进食的长期控制系统，以保持体重的恒定，它们对体重的“标准点”具有相反的效应。腹内侧核受损坏会提高体重的标准点；外侧核受损坏会降低体重的标准点。可以设想，如果同时损坏这两个区域等量的组织，则动物既不超食，也不拒食，仍保持手术前的体重水平。

进食需要的产生并不完全是由下丘脑和体内的血糖浓度、胃充实与否及体温等因素控制的，许多外部因素也会影响食欲的产生和存在。例如，食物的色、香、味、形状，进食的习惯时间，对食物的爱恶习惯以及社会文化等因素都会影响着人们进食的需要。

（2）饮水需要　体内的水分通过泌尿、出汗、呼吸等途径不断丢失；如不及时补充，体液量就会减少，细胞外液的渗透压就会升高，细胞内液的水分也会向外渗出而减少。这种缺水的信息可以通过两条途径到达中枢：被中枢的某些细胞直接感受，或通过外周感受器（口腔及喉头的干涸）将信息传至中枢；并通过两种途径进行调节：增加饮水量和减少排尿量。

控制饮水行为的中枢在下丘脑。下丘脑中有两种特殊的神经细胞：渗透压感受器和测量容量感受器，掌管着饮水需要。渗透压感受器是专门对细胞脱水起反应的。这些细胞脱水后会略微变形，这种物理变化可能触发神经冲动传至大脑皮质，产生饮水的需要；同时它们也刺激脑垂体ADH（抗利尿激素）的释放，以指使肾脏从尿中重新吸收水分进入血管。此外，血液容量的减少会引起肾脏分泌高压蛋白酶原，它释放激素——血管紧张素，当血管紧张素到达下丘脑，测量容量感受器的兴奋也产生饮水的需要。除了下丘脑和内分泌系统对饮水需要进行调控外，个人的饮食习惯、情绪和社会风俗等也影响着人们对饮料的取舍和饮量的多少。

2. 社会性需要

社会性需要系指与人的社会生活相联系的一些需要，如对劳动、交往、成就、奉献的需要等。社会的需要表现为这样或那样的社会要求，当个人认识到这些社会要求的必要性时，社会的需要就可能转化为个人的社会性需要。社会性需要是后天习得的，源于人类的社会生活，属于人类社会历史的范畴，并随着社会生活条件的不同而有所不同。社会性需要也是个人生活所必需的，如果这类需要得不到满足，就会使个人产生焦虑、痛苦等情绪。社会性需要的种类很多，如劳动需要、交往需要和成就需要等。

（1）劳动需要　劳动是人类赖以生存的第一个基本条件。人类如果不劳动，就根本不能生存。人类的劳动包括体力劳动和脑力劳动，需要也包括体力劳动和脑力劳动的需要。它表现为热爱劳动、向往劳动，如果暂时丧失了劳动机会，就感到不安和难受。在我们的社会里，劳动已经不仅仅是为了个人生活，而且也是为了社会的公共福利；劳动使人们获得幸福、欢乐和光荣。

（2）交往需要　人自出世之后便成为各种社会团体中的一分子。从婴幼儿时期起，人就想与他人亲近、与他人来往，希望得到别人的赞许、关心、友谊、爱护、接受、支持和合作。交往需要就是个人想与他人交流思想感情、沟通信息的需要。依亲，交友，家人团聚，参加各种社会团体的活动等都可以使个人的交往需要获得满足。与他人绝对隔离也就剥夺了一个人的交往需要，对绝对孤立状态下的人（如隔离实验的志愿参加者）的个案研究表明，长时间的孤独隔离会产生突然的恐惧感和类似忧虑症发作的情感，并且隔离时间越长，产生恐惧和忧虑就越重。斯坦利·沙赫特（Stanley Schachter，1959）曾做过这样的一个实验：他以每小时15美元的酬金聘人到一间没有窗户但有空调的房间去住。房内有一桌、一椅、一床、一灯，此外别无他物。进餐由人送至门底下的小洞口，住在里面的人伸手就可拿进食物。一个人住进这房间后即与外界完全隔绝。有五名大学生应征参加实验。其中一人只待了20分钟就要求出来，放弃了实验；三人待了两天；最长的待了八天。这个研究说明，人是很难忍受长时间与他人隔绝的；人们对孤立的容忍力中有相当大的个体差异。

交往需要的满足可以使个性得到健康的发展。交往还可以使团体成员之间，团体与团体之间更加相互了解、相互信任，增强观点与态度的一致性，有助于全社会的稳定与安全，有助于创造一个美好的、和平的、文明的社会生活环境。

（3）成就需要　成就需要是指个人对于自己认为重要的或有价值的事，力求达成的欲望。所谓成就是相对的，是个人完成一件工作后与他人或自己的既定标准相比较所得出的结果。成就需要包含的内容很多，例如，对于地位、名誉、声望等的需要，对于实力、绩效、优势等的需要。人们的成就需要不仅内容不同，而且其强度也因人而异。有些人的成就需要强烈，有些人的成就需要很弱。成就需要是后天学习的结果。

三、马斯洛的需求层次论

亚伯拉罕·马斯洛是美国著名心理学家，人本主义心理学的创始人之一。他于20世纪中叶提出需求层次理论，之后又不断地加以发展，形成了颇有影响的需求层次理论（图4–1）。

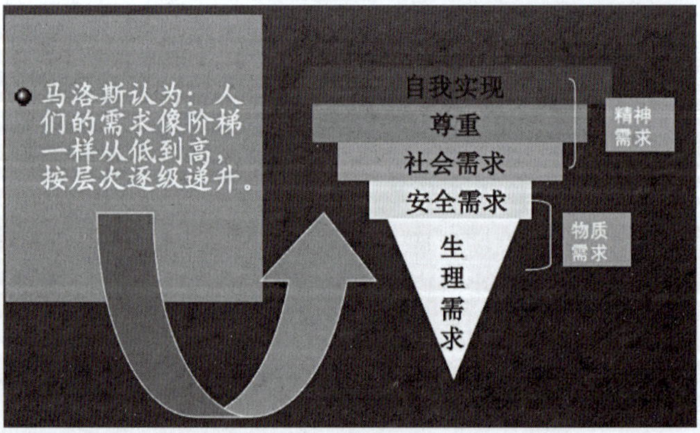

图4–1　马斯洛的需求层次论

马斯洛需求层次理论的基本要点如下。

1．人是一个一体化的整体

人不能像传统的本能研究者那样孤立地、不分主次地研究人类的需要。人类的基本需求是按优势出现的先后或力量的强弱排列成等级的，即所谓需求层次（图4-2），其强弱和先后出现的次序是：

（1）生理需求　如对于食物、水分、氧气、性、排泄和休息等的需要，这些需要在所有需要中占绝对优势。如果所有需要没有得到满足，此时有机体将全力投入为满足饥饿的服务之中。

（2）安全需求　如对于稳定安全、秩序、受保护、免受恐吓、焦躁和混乱的折磨等的需要。如果生理需要相对充分地得到了满足，就会出现安全需要。

（3）情感与归属的需求　如需要朋友、爱人或孩子，渴望在团体中与同事间有深厚的关系等。如果生理需要和安全需要都很好地得到了满足，归属和爱的需要就会产生。

（4）尊重需求　可分为两类：一是希望有实力、有成就、能胜任、有信心，以及要求独立和自由；二是渴望有名誉或威信、赏识、关心、重视和高度评价等。这些需要一旦受挫，就会使人产生自卑感、软弱感、无能感。

（5）自我实现的需求　就是促使自己的潜能得以实现的趋势。这种趋势是希望自己越来越成为所期望的人物，完成与自己的能力相称的一切。例如，音乐家必须演奏音乐，画家必须绘画，这样他们才感到最大的快乐。但是，为满足自我实现的需要所采取的途径是因人而异的。自我实现需要的产生有赖于前述四种需要的满足。任何一种需要浮现于意识中的或然性，取决于更具优势需要的满足或不满足状况。占优势的需要将支配一个人的意识，并自行组织去充实机体的各种能量；不占优势的需要则被减弱，甚至被遗忘或否定。当一种需要被满足，另一种更高级的需要就会出现，转而支配意识生活，并成为行为组织的中心，而那些已满足的需要不再是积极的推动力了。人是永远有所要求的动物。

2．人类的需要是一种似本能需要

似本能的基本需要是一种内在的潜能或固有趋势，这种似本能需要在某种程度上是由体质或遗传决定的。因此人类的需要，即使是最基本的对食物的需要，也与动物有很大区别。“当我们沿着种系阶梯上升，口味变得越来越重要，饥饿变得越来越不重要。例如，对于食物的选择，猴子比白鼠更具有变易性，而人又比猴子更具有变易性。”似本能需要只有在适

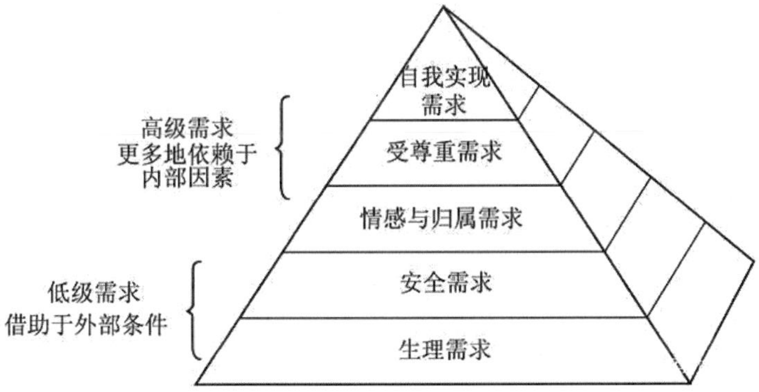

图4-2　马斯洛需求层次图

宜的社会条件下才会顺利表现出来。需要的层次越高，其表现和满足就越依赖于外部条件。需要的层次越高，与本能的区别就越鲜明，似本能的性质也就越突出。需要层次越高，其变易性、可塑性也就越大。

3．人类的需要可分为高级需要和低级需要

生理和安全需要为低级需要，是人和动物所共有的。高级类人猿也许有爱的需要，但自我实现的需要则是人类独有的。即是说，越是高级需要，就越为人类所特有。在个体发育中，高级需要也是较晚的产物。任何个体一出生就有生理需要；也许还有一种初期方式的安全需要；只有几个月以后才初次表现出与人亲近的迹象；至于自我实现，甚至莫扎特式的人物也要等到三四岁。

4．低级需要直接关系到个体的生存

低级需要直接关系到个体的生存，因而也称为匮乏性需要。如果这种需要得不到满足，个体将出现疾病或危机。例如，盐或食物的匮乏都会导致疾病。越是高级的需要，对于维持纯粹的生存也就越不迫切。但高级需要也不是与人的健康毫无关系的。这种需要的满足能使人健康、长寿、精力旺盛，产生更深刻的幸福感、宁静感，以及内心生活的丰富感。因而，高级需要也称为成长性需要。

5．自我实现的需要是人类基本需要中最高层次的需要

自我实现的需要是人类基本需要中最高层次的需要，但不是每一个成熟的成年人都能自我实现。能自我实现的人是极少数，仅为百分之一。绝大多数人不能自我实现，其主要原因是：

（1）自我实现是很微弱的似本能需要，容易被压抑、控制、更改和消失。

（2）许多人不敢正视关于他们自己自我实现所需要的那种知识，对那种知识缺乏自知，使自己处于不确定的状态。

（3）文化环境用强加于人身上的规范，阻滞一个人的自我实现。

（4）自我实现者是由成长性需要而不是匮乏性需要推进的，其发展和持续成长依赖于自己的潜力。

四、饮食消费需要的特征与类型

简单来说饮食消费需要就是人们对饮食和饮食服务的愿望与要求。其中既有生理需要也有心理需要，既有低层次需要也有高层次需要。饮食的质量是低层次生理需要满足的前提，其次才是服务等高层次的满足，因此厨艺人员是满足饮食消费者需要的关键。

1．饮食消费需要的特征

（1）对象性　消费者的需要指向性决定饮食消费需要的对象性，并按照指向和要求来满足。消费对象对消费者的刺激会转化为目标或者替代者，餐馆、饭菜、服务质量等对消费者的刺激形成的饮食体验使消费对象成为目标或替代者。

（2）多样性　消费者的饮食满足受民族文化传统、宗教信仰、生活态度、文化水平、经济收入和个人偏好等的影响，因此厨艺人员有必要了解这方面的知识以便提高满足不同需要的能力。

（3）可变性　饮食消费者的需要受内在生理和心理的驱使，也受外界环境的影响和理性

的制约。因此，他们的需要是处于可变状态。消费能力制约着消费需要，消费追求改变着消费层次。

另外还有选择性、发展性、周期性和制约性。饮食消费者在消费能力许可的范围内总要找到需要满足的最高值，同时寻求满足的场所与服务。这期间是一个选择的过程，一旦确定就具有周期性，即回头客和定点消费。为了满足更高层次的需要，饮食消费者会设法提高自己的消费能力，通过自己努力或借助力量满足自己的饮食需要。

2．饮食消费需要的类型

（1）习俗性需要　饮食习俗告诉我们任何人的需要都摆脱不了自身所处的自然环境和社会环境形成的习俗的制约。因此不同习俗下的地区和民族有不同的饮食需要。如佛教僧众不食荤食，不饮酒；游牧民族惯用肉乳制品等。

（2）求廉性需要　物美价廉是消费需要的共性，饮食消费也不例外。价格或打折扣是会员和贵宾等促销措施源于人的求廉需要。

（3）便利需要　饮食消费者在消费过程中希望得到便捷和热情周到的服务。便当、快餐业和便餐派送的发展与人们快节奏生活紧密相关，随着人们用于就餐时间的缩短，这种餐饮需要会更加强烈。

（4）卫生需要　饮食不仅要满足口腹之欲还要保证营养卫生的健康需要。因此，就餐环境洁净、工作人员整洁和饭菜营养卫生也是当今饮食消费者的饮食消费需要。菜肴美味、营养卫生是中餐发展的趋势。

（5）新奇的需要　求新求奇是人们探索未知的求知欲的表现。饮食消费者，尤其具有较高消费水准的消费者具有求新奇的需要。因此，餐饮企业在点心名、菜肴名称等方面做足了新奇文章，迎合的是消费者新奇的需要满足。

（6）求美的需要　求美是人的天性，尽管美的标准因人而异，但是在饮食消费方面人们追求的是味道、色泽、造型、装盘等因素组合成的美食，同时优质的服务、幽雅的就餐环境都是满足饮食消费者求美的需要。

（7）优越性的需要　就餐地点的级别满足的是不同饮食消费者优越性的需要。五星级或超豪华的酒店提供的饮食服务已经超越了饮食内容，而是消费者社会身份优越性的认同与体现。

【拓展与应用：分析案例中反映的饮食消费需求】

顾客的饮食消费需求

一、顾客的功能需求

顾客的功能需求是最起码的要求，需要充分利用餐厅的每一寸土地和空间以满足顾客的要求。目前餐厅有多少间景致典雅的包间、分别以何种主题布置、房内设施依据什么设计、能否做到充分融合美观与舒适，让宾客得到最大的功能享受，这些都是餐厅在设计过程需要重点考虑的问题。高级宴请、婚宴和会餐也要考虑到，以满足不同顾客的各种需求。

二、顾客的方式需求

餐厅管理以质量需求为核心。服务也是产品，应给全体员工树立全面质量管理的思想和氛围。要了解顾客的需求，餐厅可以站在“家人”的角度，提供有针对性的服务，以便赢得顾客的心，使之成为餐厅的忠实顾客。例如，点菜的时候服务人员可以主动提醒顾客不要点不利于自身健康的菜肴，并积极向他们推荐对他们身体有益的菜肴。这样，这些顾客就会觉得餐厅十分关心他们，就会成为酒店的常客。

三、顾客的价格需求

每一个顾客都在努力寻求物有所值，我们要让顾客感觉到“物超所值”。餐厅需要研究顾客愿意付出的成本，并以此为依据，推出符合消费需求的产品，利用顾客愿意付出的最大成本来尽量地增加餐厅的收入。另外，发展一个新顾客比保留一个老顾客难度更大。从顾客的角度讲，他们更愿意选择自己熟悉的、认为各地方都比较满意的餐厅去消费，因为这样能够避免他们重新选择时所面临的风险及精神压力，使其付出的精神成本相对比较低。因此，餐饮企业要特别留意培养更多的忠诚顾客，这也是降低成本的一个首要方面。

四、顾客的外延需求

顾客外延需求的核心是心理需求，附加利益和服务，例如心理上的满足，文化上的满足，售后服务的满足等。随着感性消费时代的到来，顾客的心理需求越来越强烈，在享受服务的进程中更希望获得心理上的尊重。这就需要餐饮企业推出个性化服务、针对性服务、感性化服务、超前服务等。围绕满足顾客心理需求，发掘顾客不自知的需求，让来此消费的客人感觉被吸引，认定是理想的消费之所。

相信餐饮企业如果可以做好上述几项工作，就一定能牢牢地把握住顾客，使顾客成为餐厅的常客。有研究表明只要增加5%忠诚的顾客就能够增加25%～100%的利润。因此，当餐饮企业拥有众多忠诚的顾客时，就一定可以获得大量利润，从而在激烈的竞争中获得可持续发展。

（1）求尊重　宾客都有满足自尊心、虚荣心的需求。尽管大部分人在社会上是普通人，但却希望别人将他作为一个不同于其他人而受到尊重和接待。这就要求服务人员在态度上要表示出热情和友善，听其吩咐，对其关心，礼貌周到。

（2）求舒适　宾客到餐厅用餐，首先要感受餐厅的环境，如宽敞的大厅，雅致的包间，富有情调的咖啡厅，豪华气派的宴会厅，无一不令客人有舒适惬意之感。

（3）求卫生　“病从口入”这句话人人都知道。餐厅卫生关系到广大宾客的身体健康及生命安全，因此，宾客对餐厅的环境卫生、餐具卫生、食品卫生、服务人员的个人卫生等都有着较高的要求。

（4）求方便　宾客离开自己熟悉的工作和生活环境，来到餐厅相对陌生的环境，心中会存有担心和疑问，如“我要赶时间，上菜能否快点”；在宴请接待时会担心“能否按期按要求搞好接待?”；等等。针对这些问题，餐厅应考虑所提供的服务应尽量给客人以方便感。

（5）求亲切　餐厅的服务是人对人的直接服务，是在服务业与宾客之间进行的，是由服务员直接提供的。因此，必须让宾客感到我们的服务充满着尊重之心和友好之情，感受到我们的服务人员不但乐于服务，而且善于服务，从而下次再度光顾，这就是餐厅服务给客人留下的亲切感。

（6）求安全　人来到餐厅，都希望自己的财产、健康和精神不受到伤害。如食品是否卫生安全、财物是否会失窃、地面是否会使人滑倒受伤、餐具是否会将客人割伤等。

（7）求享受　宾客到餐厅是为消费而来，是“花钱买享受”而不是“花钱买气受”的，因此我们提供的服务必须是让客人获得一种自由、亲切、尊重、友好的感受，让客人高兴而来，满意而归。

（8）求气氛　许多宾客正是因为餐厅的环境和气氛好才来餐厅消费的，如餐厅的装饰美观适用、良好的色彩搭配、高雅的格调，通过灯光灯饰、艺术品、鲜花等烘托出的幽雅气氛等，都是宾客所需要的。人们除了物质上的需求外，更需要得到精神上的满足。

（9）求质量　质量的含义因人而异，美食家要求食物的高质量，而大多数客人对食品的质量要求会根据菜肴的价格而浮动，但无论怎样，他们都要求菜肴应做到色香味形饰俱佳，且食物原料新鲜，注重口味与营养结合。因此餐厅应针对客人的不同口味和喜好，做到食物品种多样化，按照不同的季节，提供多样化的菜式和饮品。

（10）求价格　虽然有相当一部分宾客的消费水平较高，出手大方，但这并不等于他们花钱无所顾忌，对消费者来讲，他们希望所得到的食物、服务与他们的支出相比应是等值的，甚至是超值的。优美的环境和良好的气氛、精美的食品、优质的服务、合理的价格，才会让宾客感到物有所值。

第二节　饮食消费动机

一、动机的含义

动机是由一种目标或对象所引导、激发和维持个体进行活动的心理倾向或动力。

在各种新闻媒体上我们经常可以看到，一些农民向国家平价出售上万斤粮而不到市场上去卖高价；一些知识分子宁愿放弃舒适的生活条件而到十分艰苦的地方去工作；有的执法人员知法犯法；有的人制造伪劣农药坑害农民；等等。“为什么人们要做这些事?”“是什么东西激发人们去干这些事?”这个问题就是心理学中的活动动机问题。

动机是活动的一种动力或心理倾向，它促使人产生某种活动、按某种方式行事。需要和动机是紧密相连的，但也有差异。需要在主观上常以意向和愿望被体验着。模糊意识到的、未分化的需要称为意向。有某种意向时，人虽然意识到一定的活动方向，不明确活动所依据的具体需要和以什么途径和方式来满足需要。明确意识到并想实现的需要称为愿望。如果愿望仅停留在头脑里，不把它付诸实际行动，那么这种需要还不能成为活动的动因。因此，处于静态的需要，还不是动机。只有当愿望或需要激起人进行活动并维持这种活动时，需要才成为活动的动机。

二、动机的功能

作为活动的一种动力，动机具有三种功能。

1．激发功能

动机能激发起机体产生某种活动。有动机的机体对某些刺激，特别是当这些刺激和当前的动机有关时，其反应更易受激发。例如，饥饿者对食物有关的刺激、干渴者对水有关的刺激反应特别敏感，易激起寻觅活动。

2．指向功能

动机使机体的活动针对一定的目标或对象。例如，在为国家多作贡献的动机支配下，农民向国家平价出售粮食而不到市场上卖高价；在成就动机的支配下，知识分子放弃舒适的生活条件而到艰苦的地方去工作。动机不同，活动的方向和它所追求的目标也不同。由于学习动机的不同，学生可能选择去教室或图书馆。

3．维持和调节功能当

活动产生以后，动机维持着这种活动针对一定的目标，并调节着活动的强度和持续时间。如果活动达到了目标，动机促使有机体终止这种活动；如果活动尚未达到目标，动机将驱使有机体维持（或加强）这种活动，或转换活动方向以达到某种目标。

三、动机产生的条件

动机的产生需要内部和外部两种条件的共同作用。

1．内在需要

动机是在需要的基础上产生的。当某种需要没有得到满足时，它就会推动人们去寻找满足需要的对象，从而产生活动的动机。例如，一个失学的儿童，非常渴望读书学习，当看到同龄的其他孩子能有机会上学、能读书认字时，自己内心有着对知识极大的渴望，盼望着有重新读书的机会。

2．外在诱因

凡能引起个体动机行为的外部刺激，均称为诱因。比如，上面提到的例子，尽管失学的孩子有读书的需要，但贫困的家庭条件，不能允许他上学，他的需要不能满足，也只能接受现实。但如果国家有了新的政策，可以资助贫困儿童上学，这个新的政策就是外在诱因，可将他的内在需要激发出来，产生求学的动机行为。

四、饮食消费动机

饮食消费动机是消费者为了满足一定的需要，产生购买某种食物或服务的心理倾向和驱动力。

1．生存性饮食消费动机

生存性饮食消费动机是饮食消费者为了满足生理需要，补充必要的能量和营养产生的本能性消费动机，这是一种最容易满足的需要，也是最低层次的生存性需要。街边小吃摊和个体小餐馆满足的多是这种需要。

2. 感情饮食消费动机

感情饮食消费动机分为情绪饮食消费动机和感情饮食消费动机。喜怒哀乐等情绪变化会产生饮食消费动机，其特点是冲动性、情景性和不确定性。情感性同道德感、美感、理智感和群体感等情感相联系，具有深刻性、稳定性等特点。

3. 惠顾性饮食消费动机

因信任或好感而产生的对象性饮食消费动机。这是客人对餐饮企业的某道菜肴、就餐环境、价格、服务质量产生信任或好感而产生的周期性饮食消费动机，同时积极进行口碑宣传。这就是个性化服务风行餐饮业的内在原因。

4. 表现性饮食消费动机

去著名酒楼或者星级酒店饮食消费是消费者地位、威望、富贵和表达某种心情为导向的饮食消费动机。

5. 潜在饮食消费动机

饮食消费动机可以分为显现和潜在两种。潜在是指消费者一时不实现或暂时不能付诸行为的饮食消费动机，具有潜在性和等待性等特点。我们要通过广告等形式激活饮食消费者的潜在饮食动机。

第三节 饮食消费兴趣

一、兴趣的含义

兴趣（interest）是人对事物的一种认识倾向，是价值观的初级形式，它使人对某些事物优先给予注意，并带有积极的情绪色彩。它表现为人们对某件事物、某项活动的选择性态度和积极的情绪反应。兴趣在人的实践活动中具有重要的意义，可以使人集中注意，产生愉快紧张的心理状态。

例如，对音乐感兴趣的人，总是对乐器以及有关音乐的书籍、刊物等优先加以注意；有关音乐方面的信息，不论是歌剧还是广播或是别人的演奏，甚至报纸上有关音乐的报道，别人议论有关音乐的事，对他都有很大的吸引力，并总是以积极情绪去探究领会和掌握它。兴趣进一步发展为从事实际活动的需要时，就变成了爱好。所以，兴趣爱好往往是联系在一起的。

综上所述，兴趣是在探究反射基础上形成的对事物或活动的心理倾向，是推动人们认识事物、探求真理的重要动机。兴趣可以使人产生巨大的积极性，获得某种肯定的情绪体验。

兴趣以需要为基础。需要有精神需要和物质需要之分，兴趣基于精神需要（如对科学、文化知识等）。人们若对某件事物或某项活动感到需要，他就会热心于接触、观察这件事物，积极从事这项活动，并注意探索其奥秘。兴趣又与认识和情感相联系，若对某件事物或某项活动没有认识，也就不会对它有情感，因而不会对它有兴趣。反之，认识越深刻，情感越炽烈，兴趣也就会越浓厚。

兴趣在人的实践活动中具有重要的意义。兴趣可以使人集中注意，产生愉快紧张的心理状态。这对人的认识和活动会产生积极的影响，有利于提高工作的质量和效果。兴趣具有社会制约性，人所处的历史条件不同、社会环境不同，其兴趣就会有不同的特点。

二、兴趣的分类

人的兴趣是多种多样的，但概括起来又可以分为三大类。

1．物质兴趣和精神兴趣

物质兴趣主要指人们对舒适的物质生活，如衣、食、住、行方面的兴趣和追求；精神兴趣主要指人们对精神生活，如学习、研究、文学艺术、知识的兴趣和追求。在人生观和世界观尚未完全形成的阶段，无论物质兴趣和精神兴趣都需要师长进行积极的引导，以防止在物质兴趣方面的畸形发展，在精神兴趣方面的消极发展和追求。

2．直接兴趣和间接兴趣

直接兴趣是指对活动过程的兴趣，例如，有的学生想象力丰富，富于创造性，喜欢制作各种模型，在制作过程中，全神贯注，表现出浓厚的兴趣。间接兴趣主要指对活动过程所产生的结果的兴趣。直接兴趣和间接兴趣是相互联系、相互促进的，如果没有直接兴趣，制作各种模型的过程就很乏味、枯燥；而没有间接兴趣的支持，也就没有目标，过程就很难持久下去。因此，只有把直接兴趣和间接兴趣有机地结合起来，才能充分发挥一个人的积极性和创造性，才能持之以恒，目标明确，取得成功。

3．个人兴趣和社会兴趣

个人兴趣是个体以特定的事物、活动及人为对象，所产生的积极的和带有倾向性、选择性的态度和情绪。社会兴趣指社会成员对某一领域的普遍兴趣，或社会某一领域对社会成员的普遍要求。

三、兴趣的功用

兴趣对一个人的个性形成和发展、对一个人的生活和活动有巨大的作用，这种作用主要表现在以下几个方面。

1．对未来活动的准备作用

例如，对于一名中学生来说，对化学感兴趣，就可能激励他积累各种化学知识，研究各种化学现象，为将来研究和从事化学方面的工作打基础、做准备。

2．对正在进行的活动起推动作用

兴趣是一种具有浓厚情感的志趣活动，它可以使人集中精力去获得知识，并创造性地完成当前的活动。美国著名华人学者丁肇中教授就曾经深有感触地说："任何科学研究，最重要的是要看对自己所从事的工作有没有兴趣，换句话说，也就是有没有事业心，这不能有任何强迫。……比如搞物理实验，因为我有兴趣，我可以两天两夜甚至三天三夜在实验室里，守在仪器旁，我急切地希望发现我所要探索的东西。"正是兴趣和事业心推动了丁教授所从事的科研工作，并使他获得巨大的成功。

3．对活动的创造性态度的促进作用

兴趣会促使人深入钻研、创造性地工作和学习。就学生来说，对一门课程感兴趣，会促使他刻苦钻研，并且进行创造性的思维。这不仅会使他的学习成绩大大提高，而且会大大地改善学习方法，提高学习效率。

由此可知，人的兴趣不仅是在学习、活动中发生和发展起来的，而且又是认识和从事活动的巨大动力。它可以使人智力得到开放，知识得以丰富，眼界得到开阔，并会使人善于适应环境，对生活充满热情。兴趣对人的个性形成和发展起到巨大作用。

四、个体兴趣差异的原因

人们的兴趣有相当大的个别差异，这种个别差异可从下列四方面加以分析。

1. 兴趣的指向性

兴趣的指向性是指人对于什么事物感兴趣。有人对数学感兴趣，有人对哲学感兴趣。人们的兴趣指向的不同，主要是由于生活实践不同造成的，受社会历史条件制约的。我们也可以根据社会伦理的观点把兴趣区分为两类，高尚的兴趣和低级的兴趣。前者同个人身心健康和社会进步相联系，后者使人腐化堕落、有碍社会进步。

2. 兴趣的广度

兴趣的广度是指兴趣的数量范围，有人兴趣广泛，有多种多样的兴趣；有人兴趣狭窄，除了对自己所从事的专业发生兴趣外，对其他任何事物几乎都不发生兴趣。人们的兴趣广度有相当大的差异。

3. 兴趣的稳定性

兴趣的稳定性指对事物感兴趣持续时间的长短。人们的兴趣可能是经久不变的，也可能是变化无常的。在兴趣稳定性方面，人们有相当大的差异。

4. 兴趣的效能

兴趣的效能是指兴趣在推动认识深化过程中所起的作用。有的人的兴趣只停留在消极的感知水平上，喜欢听听音乐、看看绘画便感到满足，没有进一步表现出认识的积极性，去理解它、掌握它；有的人的兴趣是积极主动的，表现出力求认识它、掌握它。因此，后者的兴趣效能就高于前者。

兴趣是价值观的初级形式，因为兴趣也是人用来评价事物好坏的一个内心尺度。但是，这个内心尺度稳定性较差，人们往往也不一定是意识到是用这个尺度来评价事物的。兴趣的行为表现通常是自发的，是带有积极情绪色彩的认识倾向。

五、饮食消费兴趣

饮食消费者的兴趣的倾向性表现为对餐饮企业某道菜肴、服务质量、就餐环境等因素的好感。

一般而言饮食消费者对知名企业的代表菜肴感兴趣。兴趣一旦形成就具有稳定性，一般不会随着环境的改变而改变。北京人对冰糖葫芦的兴趣经历了百年的风云变幻，依旧一往情深。

兴趣的广泛性表现为人口味的求知和适应性，品味地方小吃的兴趣就是广泛性的表现。随着信息时代交流的时空拓展与频繁，人们的饮食兴趣越加广泛。兴趣的效果性在饮食消费上十分明显，有的餐饮企业地理坐标虽然很远，但消费者对它们的喜爱依旧不减，扬州包子空运海外就是明证。

第四节　饮食消费行为

一、行为的含义

心理学家对行为有各种不同的看法。如行为主义心理学把人与动物对刺激所作的一切反应都称之为行为，包括外显的行为和内隐的行为；格式塔心理学认为人的行为由人与环境的相互关系决定，行为指受心理支配的外部活动。现代心理学家一般认为，行为是有机体的外显活动。

行为是指人在主客观因素影响下而产生的外部活动，是一个整体的行动过程；而运动是指人们身体内外部的生理动作，是人们行为过程在身体上的分散分解。行为具有目的目标，而人们的运动则是接受人们行为目的目标而动作。

二、影响行为的要素

影响人类行为的因素是多种多样的，概括起来可以分为两个方面：即外在因素和内在因素。外在因素主要是指客观存在的社会环境和自然环境的影响，内在因素主要是指人的各种心理因素和生理因素的影响，在这里主要是指各种心理因素，诸如人们的认识、情感、兴趣、愿望、需要、动机、理想、信念和价值观等。而对人类行为具有直接支配意义的，则是人的需要和动机。

德国心理学家库尔特·勒温认为，人的行为取决于内在需要和周围环境的相互作用。当人的需要尚未得到满足时，个体就会产生一种内部力场的张力，而周围环境的外在因素则起到导火线的作用。按照勒温的观点，内在因素是根本，外在因素是条件，二者相互作用的结果产生了行为。根据这一观点，他提出了著名的行为公式：$B=f(P, E)$ 公式中，B代表行为，P代表个人的需要（内在心理因素），E代表环境（外在因素的影响）（图4–3）。

这一公式说明，人的行为是人的内在因素和外在环境相互作用的结果。在日常生活中，人们之所以会有这样和那样的行为，主要是受二者的影响。所谓“近朱者赤，近墨者黑”，说的是人的行为容易受环境的影响；所谓“身居闹市，点尘不染”，则是说人的行为由于受到内在因素的支配，可以不受外在环境的影响。

图4–3　勒温及其提出的行为公式

三、饮食消费行为的影响因素

1．经济因素

19世纪德国统计学家恩斯特·恩格尔根据统计资料，对消费结构的变化得出一个规律：一个家庭收入越少，家庭收入中（或总支出中）用来购买食物的支出所占的比例就越大，随着家庭收入的增加，家庭收入中（或总支出中）用来购买食物的支出比例则会下降。一个国家发展程度越低，每个国民的平均收入中（或平均支出中）用于购买食物的支出所占比例就越大，随着国家的富裕，这个比例呈下降趋势。

$$食物支出金额 \div 总支出金额 \times 100\% = 恩格尔系数$$

国家平均家庭恩格尔系数大于60%为贫穷；50%～60%为温饱；40%～50%为小康。经济因素影响饮食消费者的购买决策，饮食消费支出与收入的比例是一个很大的影响因素。

2．自然环境

人们的饮食结构形成于长期与所生活的自然环境和社会环境的适应过程中。自然环境对人们的饮食口味、饮食原料以及菜肴装盘具有深刻的影响。西北人吃面，西南人吃酸辣，东北人吃野味，东南人吃甜鲜都是自然环境的影响结果。

3．饮食习俗

饮食消费既是生理的满足又是心理层面的追求。心满意足的美食是饮食消费者追求的目标，然而受饮食习俗的影响，对美食的标准各有不同。饮食习俗是包括伦理道德、法律意识、文化传统、审美意识、价值观念等因素影响下的饮食方式。

4．宗教因素

宗教是人类社会发展到一定历史阶段出现的一种文化现象，属于社会意识形态。宗教信仰对饮食消费行为具有一定的影响。

四、餐饮消费行为的决策过程

餐饮顾客对新出现的餐饮产品、价格较高的组合性产品、非常重要的商务宴请，往往在消费决策行为上表现得较为复杂，这种决策行为被称为复杂购买决策。复杂决策过程由引起需要、收集信息、评价方案、决定购买和购后行为五个阶段构成。

1．引起需要

购买者的需要往往由两种刺激引起，即内部刺激和外部刺激。内部刺激是指顾客生理需要，如饥饿、对某种美食的心理渴望等。内部刺激对餐饮顾客的需要产生的影响相对简单，外部刺激则显得较为复杂。外部刺激包括家庭特征变化、可支配收入的变化、参照群体的变化、寻求新奇心理等。餐饮市场营销人员应注意识别引起餐饮消费者某种需要和兴趣的环境，并充分注意到两方面的问题：一是注意了解那些与本企业的产品和服务实际上或潜在有关联的驱使力；二是餐饮消费者对某种产品或服务的需求强度，会随着时间的推移而变动，并且被某种诱因所触发。在此基础上，企业还要善于安排营销策略，促使消费者对企业产品产生强烈的需求，并立即采取购买行动。

2．收集信息

一般来讲，引起的需要不是马上就能满足的，餐饮消费者需要寻找某些信息。消费者信息来源主要有个人来源（家庭成员、亲朋好友、同事邻居、其他熟人等），商业来源（餐饮广告、餐饮推销员、餐厅外观及设施、餐厅宣传印刷品、服务员等），公共来源（大众传播媒体、美食协会、餐饮评审组织等），经验来源（亲身品尝、联想、推论等）。市场营销人员应对消费者使用的信息来源认真加以识别，并评价其各自的重要程度，安排适当的营销组合，千方百计地使本企业的品牌被消费者知晓，使消费者购买本企业的产品和服务。

3．评价方案

餐饮消费者对产品的判断大都是建立在自觉和理性基础之上的。餐饮消费者的评价行为一般要涉及产品属性（即产品能够满足消费者需要的特性）、属性权重（即消费者对产品有关属性所赋予的不同的重要性权数）、品牌信念（即消费者对某品牌优劣程度的总的看法）、效用函数（即描述消费者所期望的产品满足感随产品属性的不同而有所变化的函数关系）和评价模型（即消费者对不同品牌进行评价和选择的程序和方法）等问题。例如，我国餐饮消费者在购买商务宴时，最看重的是餐饮企业的品牌；而在购买婚宴、情侣宴时，往往更看重环境与气氛是否跟自己的品位感觉相同。

4．决定购买

评价行为会使餐饮消费者对可供选择的品牌形成某种偏好，从而形成购买意图，进而购买所偏好的品牌。但是，在购买意图和决定购买之间，有两种因素会起作用：一是他人态度，即其他人对餐饮消费者购买意向的看法；二是意外情况，即餐饮消费者在此之前未预料到的意外因素，如资金紧张、新的替代品出现、准备购买的产品出现恶性事故被曝光等。也就是说，偏好和购买意图并不总是导致实际购买，尽管二者对购买行为有直接影响。消费者修正、推迟或者回避做出某一购买决定，往往是受到了可觉察风险的影响。可觉察风险的大小随着冒这一风险所支付的货币数量、不确定属性的比例以及消费者的自信程度而变化。市场销售人员必须了解引起消费者有风险感的那些因素，进而采取措施来减少消费者的可觉察风险。

5．购后行为

餐饮消费者在购买产品后会产生某种程度的满意感和不满意感，进而采取一些使市场营销人员感兴趣的买后行为。所以，产品在被购买之后，就进入了买后阶段，此时，市场营销人员的工作并没有结束。餐饮消费者对其购买的产品是否满意，将影响到以后的购买行为。如果对产品满意，则在下一次购买中可能继续购买该产品，并向其他人宣传该产品的优点。如果对产品不满意，则会尽量减少不和谐感，因为人存在着一种在自己的意见、知识和价值观之间建立协调性、一致性或和谐性的驱使力机制。具有不和谐感的消费者可以通过放弃、投诉或索赔来减少不和谐，也可以通过寻求证实产品价值比其价格高的有关信息来减少不和谐感。市场营销人员应采取有效措施尽量减少购买者买后不满意的程度。

五、饮食消费者的类型

1．便利型消费者

便利型消费者较注重服务场所和服务方式的便利，反对繁文缛节。这类顾客希望在接受服务时能方便，迅速、快捷，并讲求一定的质量。这类顾客，大都时间观念强，具有时间的紧迫感，最怕的是排队、等候或售货员漫不经心、不讲效率。因此，对于这类顾客，在餐厅经营中要处处以方便顾客为宗旨，提供便利、快捷、高效、质量上乘的服务。这就要求餐厅在网点建设和服务方式上很好运用便利顾客的原则（图4-4）。如餐厅经营中设便餐、快餐以及带料加工、回锅加热或设立外送、外卖等服务项目。

图4-4　便利型消费

2．求廉型消费者

求廉型消费者十分注重饮食消费价格的低廉，这种类型的顾客都具有“精打细算”的节俭心理，十分注重菜肴和服务收费的价格。在比较推测中得出自己的结论，因此对质量不过分苛求，要求达到“物有所值”即可。这就要求餐饮企业在菜品及服务上分开档次，并且要档次配套、合理，以中、低档的服务项目去满足求廉型顾客的需求。如在餐厅经营中，既要有几十元、上百元的高档菜肴，又要有十几元的中档菜肴，还要有几元的低档菜，这样才能满足人们不同档次，不同价格的需要。

3．享受型消费者

享受型消费者多注意物质生活的享受，注重环境、服务的档次，对价格不太关心。这种类型的顾客一般都具有一定的社会地位或经济实力，追求享受型消费以显示自己的地位或经济实力，这些人是高档菜肴和高档服务的消费者。为满足享受型消费者需求，餐厅不仅要提供高水平的设备和高质量的菜肴，还要提供全面优质的服务。

4．求新型消费者

求新型消费者注重菜品或服务的新颖、刺激。这类顾客以青年人为主，他们追求服务的新颖、别致、刺激而不过分计较价格的高低。餐厅菜点的新奇，餐厅服务的标新立异、与众不同等都对这类消费者具有莫大吸引力。所以有不少餐厅老板挖空心思去制作新奇菜肴，以招徕顾客。正是为了迎合人们求变、求新、求奇的消费心理，许多餐厅或在菜品上追求创新，或在服务上力求与众不同。

5．健康型消费者

健康型消费者注重食物的营养保健作用，这种类型的顾客希望通过食物的营养食疗达到祛痛保健的目的，对于菜品的口味及服务不太在意。回归自然，追求健康和无污染的绿色食品是这类消费者的主流。为了满足这类消费者的需求，餐厅不但应在菜肴的营养保健上下功夫，开发符合营养保健的菜品，还应在服务上加大营养保健知识的普及力度，把健康服务从里做到外。

6．信誉型消费者

信誉型消费者非常注重企业信誉，以求得良好的心理感受。人们在消费时，都希望能提供质价相称，具有风味的菜品，提供清洁、完善、舒适、愉快的环境，以获得满意、愉快的心理感受。可以说，一家餐厅经营得成功或失败完全取决于顾客对它的印象。因此，信誉是经商或服务之本，服务质量更是餐厅的生命线。要赢得顾客，就必须建立企业信誉和提供优质服务。

【拓展与应用】

分析材料中的饮食消费行为类型及其发生机制

某外卖平台发布的2021年四季度及2021年整年财报，该平台餐饮外卖业务年交易笔数达144亿笔，同比增长41.6%，创历史新高。以年轻人为消费主力的外卖数据一再走高，这背后隐藏着什么原因？记者进行了走访调查，发现外卖选择多，易于满足消费者需求。记者一打开外卖平台，看到粉、面、粥、饭等中式美食一应俱全，新式的韩式炸鸡、日式拉面、泰式咖喱饭、减肥轻食等产品也层出不穷，价格各不相同。为了方便消费者凑足外卖的配送门槛或满减需求，许多店家还推出了各式推荐套餐，通常是一份主食和各类小食加饮料。

以南宁凤岭片区为例，该平台目前月销量最高的几家外卖商家里，早餐时间段以粥铺的销量最高，月销量已破万份；午餐时间段则是以隆江猪脚饭、桂林米粉、老友粉最受欢迎，大多数月销量都在6000份以上；晚餐和消夜时间段，韩式炸鸡、各类烧烤卖得最好，月销量均在5000份左右。

“现在点外卖的主力都是年轻人，老年人用手机点外卖的很少。我们一天至少能跑30单，多的可以跑五六十单，大多数都集中在中午和晚上。”一名骑手小哥说，粥、粉、饭类外卖既能吃饱又符合大多数广西人的饮食习惯，这些品类的外卖订单比较多。对于大多数年轻人而言，工作生活节奏加快，加班是常有的事，休闲娱乐的时间还需要靠挤，何苦去花费大量时间买菜洗菜做饭呢？点一份外卖，既省时省力，又满足自己的胃。覃女士是两个孩子的妈妈，她坦言，这一代年轻人和他们那一代人理念不一样了。年轻人一毕业就要忙于在职场站住脚，要想着努力工作升职，当然不愿意在做饭上花时间，也就坦然选择外卖。不过她认为，随着年龄的增长，家庭的建立，大多数年轻人最终要回归厨房。厨房的烟火气是一个家庭圆满的标志，为父母、为爱人、为孩子做一顿饭，既是一种家庭责任，也是情感的寄托，而这种情感是任何外卖和酒店饭局都无法替代的。

预制菜消费心理

预制菜之所以这么火热，就在于其抓住了B端和C端的双重红利，是当下企业和消费者的最优解，也是餐饮行业的新突破口。首先，对于餐饮企业来说，使用预制菜能有效缓解困扰餐饮行业租金高、人工成本高、食材成本高和毛利润低的“三高一低”难题。通过标准化的流程，大大简化了人力成本，同时也实现了菜品味道的保证。其次，对于消费者们来说，预制菜的兴起，大大符合了当下消费者快生活节奏的现状，解决了部分新时代群体不会做饭的难题，也让他们获得了后疫情时代居家也能吃到美食的满足感。市场玩家可以通过各种领先的工艺保持预制菜的新鲜；借助于冷链配送把菜品输送到消费者手中等。外部方面，需要借助于当下比较抓眼球的营销渠道快速铺开，抢占市场，强化消费者心智。

预制菜的价格肯定比你到饭店点菜的价格便宜，便宜多少主要看预制菜的品牌以及对标饭店的档次。绝大多数情况下，预制菜的价格要低于饭店同类型菜价。预制菜给人的心理暗示就是比方便面更健康，因此，这也是消费升级的一种体现。

·课后思考题·

1. 简述需要的分类依据及其分类。
2. 评析马斯洛的需求层次论。
3. 简述饮食消费需要的类型。
4. 简述饮食消费需要的特征。
5. 讨论饮食消费动机产生的条件。
6. 讨论个体兴趣差异的原因。

第五章 饮食环境心理

CHAPTER 5

学习目标：

1. 了解环境的内涵。
2. 了解饮食环境的构成要素。
3. 掌握饮食环境营造的导向。

本章导学：

21世纪是一个体验经济时代，饭店为客人提供的是体验性产品。也就是说，餐厅要通过有形的餐饮产品、良好的就餐环境、无形的餐饮服务，为顾客创造出令人难以忘怀的体验。环境、食品和服务作为餐饮企业提供给客人的三大产品要素，缺一不可。而环境要素又是现代餐饮消费者特别关注和重视的产品要素，也是营造难忘体验的关键所在。

第一节 餐饮企业外部环境与饮食心理

一、建筑装饰

餐饮企业不同于其他行业，是一个提供美食体验的社会活动场所。围绕美食体验，餐饮企业处处要营造美的环境氛围。餐饮企业的建筑装饰就体现了企业文化中对美的追求。

建筑同音乐、绘画等艺术一样，也是一种没有民族界限的语言。餐饮企业的建筑装饰就是企业环境美的述说。

从建筑美的角度而言，有现代美、古典美、人文美、自然美、规则美和不规则美等。从气势上看，有的高耸入云、有的端庄稳重、有的大气磅礴、有的小巧玲珑、有的豪华奢丽、有的朴素简约。总之，餐饮企业建筑装饰体现的是企业的审美标准。

1．现代式

现代化的饭店传达的是时代发展信息，外部用几何体、直线条，高大宏伟。内部采用中国庭院装饰分割，时代气息浓厚，给人一种时代发展的前沿体验，如图5-1中的上海国际饭店。

2．乡土风格

乡土风格是以质朴的风格、乡村的气息营造一种十分朴素真挚的乡野美（图5-2）。

3．古典风格

宫殿式、园林式都属于古典风格。古典风格主要是彰显饮食文化的历史悠久性、让饮食宾客回到另外一个历史的时空，同时彰显饮食消费者的帝王将相威严地位或者风流儒雅的文人士气（图5-3）。中国历史悠久的饮食文化和现代怀古的心理追求让这类餐饮企业的建筑风格有了很大的市场，尤其是历史文化名城。

4．民族风格

民族风格体现的是地域文化和民族文化。用民族风格的样式既是满足民族饮食消费者的审美需要，也能满足饮食消费者了解不同民族饮食文化美的需要。

5．怀旧风格

怀旧就是缅怀过去，旧物、故人、老家和逝去的岁月都是怀旧最通用的题材。怀旧是一种情绪，它或许可以成为一种哲学，但它确实成了一种时尚。回眸往事来弥补心里的缺憾是人们经常采用的一种自我放松方式，怀旧风格能够满足人们怀旧心理的需要（图5-4）。

6．综合式

综合式就是采用中西建筑元素结合或者古典与现代建筑元素相结合的方式，体现继承与发扬，交流与融合的理念。创设的是人类建筑文化跨越时空之美，也给饮食消费者一种超越时空之美的享受。济南的舜耕山庄、北京的香山饭店、建国饭店都属于这种建筑文化风格（图5-5）。

图5-1　上海国际饭店

图5-2　乡土风格饭店

图5-3　古典风格饭店

图5-4　怀旧风格饭店

图5-5　综合式饭店

餐饮企业的装饰要与自己的经营主题相一致，这样才能在与菜肴相得益彰的环境中体验饮食之美。一般会在这种创设气氛下唤起饮食消费者的饮食兴趣、塑造良好的企业形象、传递企业的美食理念、引导消费者逐步进入美食体验的佳境。

二、餐饮企业标识

标志（logo），是表明事物特征的记号，它以单纯、显著、易识别的物象、图形或文字符号为直观语言，除表示什么、代替什么之外，还具有表达意义、情感和指令行动等作用。

餐饮企业标志是通过造型简单、意义明确的统一标准的视觉符号，将经营理念、企业文化、经营内容、企业规模、产品特性等要素，传递给社会公众，使之识别和认同企业的图案和文字。

餐饮企业的标识用形象化、个性化的图文传达企业的主要信息。饮食消费者通过标识能形象地理解企业的功能、档次。

1．店徽

企业标识有单纯的图形高度提炼、夸大和强调的手法，突出自然形象的本质特征。

（1）字母表示　这是目前国内外饭店行业比较流行的做法。用经过艺术化处理的字母作为标识，一目了然、容易记忆、赋予抽象美，也便于企业日后宣传和国际化发展。

（2）图形字母结合　把字母镶嵌在图案之中，深化意义传达。

（3）象征化的符号　用象征的手法以某种形象表达相近或相似的概念、思想、感情，以形寓意或以像寓意。武汉湖锦酒店的店徽就采用了这种形式。

2. 匾额

匾额是企业文化的又一重要标识。相对于店徽而言，匾额多以书法形式传达企业的历史文化底蕴。郭沫若题写的四川饭店匾额为饭店平添了地方文化特色，强化了文化内涵。

3. 楹联

楹联是招牌的深化，以对联的形式把企业的历史、经营特色与饮食文化巧妙地融为一体。楹联既富有企业文化内容，又颇具文化特色，因此一些餐饮老企业的楹联伴随着他们走过了数百年的时代变迁。信息时代冲击了企业的传统文化，但是民族饮食文化越发珍贵必要。

风格突出的建筑装饰、易识别的艺术店徽、意味深长的匾额、文化内涵丰富的楹联、优雅舒心的环境，餐饮企业投入巨资打造的企业文化目的是让饮食消费者能更加顺利、全面深刻地体验企业的饮食服务和饮食文化，把企业文化理念融入饮食消费者的消费理念之中。社会化饮食的意义已经超越了饮食本身的意义，是社会交往、放松身心、饮食文化体验和自身品位升华的过程。

这种饮食心理需要的满足程度取决于企业营造的文化氛围与饮食消费者的心理需要的契合，通过企业标识传达出的专业化主题经营信息在此处无声胜有声的情境之中赢得市场占有率。

第二节　餐厅环境与饮食心理

餐厅内部环境的好坏也影响着餐厅的经营。因为任何一个人都愿意拥有一个温馨、舒适的进餐环境。

一、餐厅内部装饰

餐厅内部装饰要做到以下几点：

（1）餐厅内的地面、墙壁、门窗等一些装潢设计要给人一种温馨、舒适的感觉。菜单的内容与材料要清晰，菜单的封面设计最好给人一种新颖感。

（2）环境的整洁性。这就要求餐厅桌椅要摆放整齐，做到桌腿一条线；餐桌、椅腿及摆台的盘子横看成行，竖看成列；餐厅的墙壁、饰物、地面、桌面要干净无尘。

（3）餐厅的环境要与顾客的性别、年龄相适应。服务人员的制服具有标志性和印象性，服务人员的制服要与餐厅的风格保持一致。有特色的制服不但能烘托气氛，也可以起到推销作用。

（4）餐具要讲艺术性。餐具器皿的讲究是中餐烹饪的特点之一，设计考究的餐具会增添进餐的情趣和艺术美感，桌布、餐巾、帷幔要具有协调性。

二、灯光设计

餐饮店堂的光线不外乎自然光、饰光、照明光三种。通常情况下，原生的光线适宜于店堂的时段有限，饰光与照明光是店堂光线的主要部分。

灯光是餐饮店堂的重要物质要素。灯光的功能与食客的味觉、心理有着千丝万缕的联系，与餐饮企业的经营定位也息息相关。作为一种物质语言，与餐饮企业定位相适应的光源能有机地衬托餐饮企业的个性和风格，因此，餐饮企业的灯光布置是一个整合的过程，要正确处理明与暗、光与影、实与虚等关系。鲁道夫·阿恩海姆的视觉艺术理论告诉我们，人天生具有自觉的视觉补偿功能，因此，餐饮企业应该艺术地设置灯光系统，调动食客的审美心理，从而达到饮食之美与环境之美的统一。

灯光必须与经营定位相适应，不同的餐饮企业有着不同的灯饰系统。麦当劳、肯德基等西式快餐在中国作为一种休闲餐饮，就餐的对象多为妇女、儿童，光源系统以明亮为主，有活跃之意。传统的咖啡厅、西餐厅是最讲究情调的地方，灯饰系统以沉着、柔和为美。不同的国家有不同的情调，英国式的古典庄重，法国式的活泼明朗，美国式的不拘一格等，都需要灯光来配合。根据中国传统的就餐心理，中餐厅应灯火辉煌，布置热烈气氛。

餐饮的灯饰还往往勾起人们的餐饮记忆，如果一家西餐厅灯火通明，大红灯笼高挂，人们肯定以为经营的不是西餐，这就是灯光在人们印象中所起的暗示作用。因此，灯光要和人们传统就餐记忆相吻合。

此外，就目前餐饮企业的发展态势来看，个性餐吧不断涌现，许多主题餐吧正在颠覆着传统的店堂布置格局，如一些城市出现的海洋餐吧、动力火车餐吧等。这时，其灯饰设置与传统习惯完全不同，但都是基于灯饰服务于经营定位的基本思路，所以灯饰系统的设置不是一成不变的，关键要处理好变与不变的关系。

灯光的种类不应是孤立存在的，它要为餐饮经营服务，吊灯、吸顶灯、宫灯、壁灯、筒灯、暗灯等，不同的灯具，只有系统化使用才能显现出它的魅力。

现在人们越来越重视光源在餐饮中的作用，但还远远不够，餐饮企业不能仅仅限于灯饰问题的研究，更应推及整个餐饮装饰领域。因为在餐厅装饰过程中已经出现了很多不好的倾向，许多餐饮企业把餐饮装修与餐饮经营分隔开来，为新、奇、异而装修，片面理解餐饮文化，片面追求所谓品位，出现了许多诸如餐饮大堂博物馆化、音乐厅化等现象，应引起业界的思考。

【拓展与应用】

餐饮单位卫生安全管理制度

HACCP体系是Hazard Analysis Critical Control Point的英文缩写，表示“危害分析和关键控制点”。HACCP体系是建立在良好操作规范（GMP）和卫生标准操作

（SSOP）的基础上，是对加工过程中的原料、关键生产加工及影响食品安全的人为因素进行分析和判断，确定加工过程中的关键控制点（CCP），采用有效的预防措施与监控手段，杜绝食品卫生安全事故的发生，以确保食品卫生安全。危害分析和关键控制点（Hazard Analysis and Critical Control Points，HACCP）体系是食品行业对食品生产的全过程质量控制体系。

2015年11月2日，全球食品安全倡议（GFSI）正式承认我国HACCP认证制度，使得我国获HACCP认证的食品企业进入GFSI成员的供应链时，可以减少采购方审核或国外认证，从而降低贸易成本并提升在国际市场的品牌声誉。

2019年10月16日，国家认证认可监督管理委员会与全球食品安全倡议在2019年全球食品安全倡议中国主题日上签署合作备忘录，GFSI将继续承认我国HACCP认证，意味着我国超过1.1万家获HACCP认证的食品生产企业在进入GFSI成员供应链时能够继续享受贸易便利。

HACCP中的食品企业卫生标准

每个企业都应制定和实施卫生标准操作程序或类似文件，以说明企业如何满足和实施如下卫生条件和规范：

（1）与食品或食品表面接触的水的安全性或生产用冰的安全。

（2）食品接触表面（包括设备、手套和外衣等）的卫生情况和清洁度。

（3）防止不卫生物品对食品、食品包装和其他与食品接触表面的污染及未加工产品和熟制 品的交叉污染。

（4）洗手间、消毒设施和厕所设施的卫生保持情况。

（5）防止食品、食品包装材料和食品接触表面掺杂润滑剂、燃料、杀虫剂、清洁剂、消毒剂、冷凝剂及其他化学、物理或生物污染物。

（6）规范地标示标签、存储和使用有毒化合物。

（7）员工个人卫生的控制，这些卫生条件可能对食品、食品包装材料和食品接触面产生微生物污染。

（8）消灭工厂内的鼠类和昆虫。

（9）每个企业应该对实施SSOP的情况进行检查、记录，并将记录结果存档、备查。

·课后思考题·

1. 简述环境的内涵及其分类。
2. 简述餐饮企业的硬环境与软环境。
3. 讨论餐饮企业的企业文化环境。
4. 简述餐饮企业标识的内容。
5. 举例说明餐饮企业标识的设计原则。
6. 分析餐厅光线的心理效应。

第六章 餐饮从业人员管理心理

CHAPTER 6

学习目标：

1. 了解厨师的需求与职业的关系。
2. 了解前厅服务人员的需求特性。
3. 掌握管理制度中的心理暗示。

本章导学：

饮食消费心理分析包括饮食主客体的心理分析。饮食消费者是饮食消费主体，餐饮企业的工作人员提供的有形产品和无形服务属于客体。餐饮企业要提高饮食从业人员的职业素质和职业能力，从管理心理上加强管理。本章主要讲述厨师管理心理和前厅服务人员的管理心理。

第一节 后厨管理心理

一、厨师个性

这是指餐饮业厨师个体身上经常表现出来的具有一定倾向性、比较稳定的心理特征的总和。厨师个性受职业的影响，同时影响职业的发展。

烹饪是一项以技术性为支撑的艺术性工作，所以厨师既有技术行业人员的个性特征又有艺术工作者的个性特征。厨师在执业过程中逐渐形成自己的个性特征。厨师的个性特征体现在性格、气质和能力上，受需要、兴趣、理想、价值观的影响。

1．厨师的需要

从需要上来讲，厨师需要的是技术、感兴趣的是高超的技术、理想是成为优秀的厨艺人员，能制作出具有高超的技艺和审美享受的菜肴。从价值上来讲厨师得到的认可度越高，其价值也就越高。

受这些影响，厨师在性格上多属于外向型的直率性，同艺术工作者一样，行为容易受情绪影响，形象思维发达、敏感性较强、自我心理调节能力不高，容易形成以自我为标准，这是由于烹饪菜肴的艺术审美标准以自己的标准出发造成的。所以厨师的情绪易于表现，容易发脾气。

2．厨师的能力

能力上，厨师一般讲求专业技术过硬，具有扎实的基本功、流畅的作业流程和精湛的菜肴制作技术，用普通的烹饪原料制作出花样百出、味道精美的菜肴。这种能力习得与追求使得厨师首先是模仿学习阶段，其次是实践苦练的阶段，最后才是熟练高超和形成自己的技艺风格。一般到了能力的最后阶段，厨师的性格会变得谦虚稳重。

厨师的性格与能力特征使他们在气质上表现为充满自信、自尊，同时尊重自己佩服的人。干净利落爽快，厌恶邋遢、拖沓、绕弯子。

二、厨师个性心理与管理

厨师的个性特征要求餐饮企业经营管理者要根据他们的个性要求制定针对性的管理制度。目前，餐饮企业对于厨师的管理采取行政总厨与餐饮部经理分层管理的办法。由于厨师凭技艺论高低，一般选任技术高超又有一定威望的人担任行政总厨。他们行业经验丰富又能服人，便于直接管理，但是从管理和市场营销的层面属于餐饮部经理。所以是部门直接管理和内外宏观管理相结合的方式。

1．生产设备配套安排、提供顺利操作的硬件工作环境

技术行业讲求“工欲善其事，必先利其器”，厨师也要求餐饮企业提供配套齐全、安排合理的操作间。打荷、水台、案台、炉台、凉菜、热菜等操作间要设备良好，否则会影响他们的制作流程进而影响情绪，带着情绪工作势必效率低下、不能达到预期的效果。在他们追求完美的过程中，因为客观的设施条件无法实现，就会给管理带来潜在的阻力。

2．岗位设计合理，尽可能人尽其才，才尽其用

酒店生产部门人员岗位设计要考虑两个因素：①需要的岗位厨师数量；②根据技术人员专长和特长安排岗位工作，就是因岗定人、因人定岗。避免小材大用与大材小用。一般而言刚参加工作的厨师要从最基本的岗位做起，然后根据工作需要和个人发展状况安排适当的岗位。

人员过多会引起分工不均。厨师的技术能力个性使他们厌烦不勤快或者偷懒的人，分工不均会引起严重的心理失衡。岗位安排不合理使他们无法发挥自己的专长和特长，这样会感到无法正常工作。人不尽其才就会阻碍他们的技术能力发展，厨师往往把自己的技能发展看得比薪水更为重要，因此人才就可能流动。

3．追求技术熟练，开展技能比拼和技能研究

厨房生产是各个岗位相互协调配合的过程。原料清单开具、原料采购、初加工、精加工到菜品装盘上桌是各个岗位协调配合的流程，只有相互协作才能高质量地完成。但是往往会出现各岗位之间不服气造成隔阂，只有进行技术研究与比拼才能展示个人专长和特长，才能让他人佩服从而协调关系。

4．重视厨师个体意识和自身价值，提供身心愉悦的工作软环境

厨师的个性特征表明他们个体意识较强，注重自身价值。因此餐饮企业要在制度制定上

尊重他们的自我意识，发挥他们的自身价值。把客人对饭菜质量的反馈信息通过适当的方式告知他们，以赞赏和表扬为主，让他们感到自身的价值。

5．加强厨师能力差异管理

技术需要刻苦和耐心，艺术需要练习与悟性。由于他们的禀赋与个性不同，在能力上会存有不同程度的差异。为了企业更好地发展，需要管理人员了解差异，根据实际进行技术指导和职业教育，根据他们的兴趣、基础培养专长，提高技能，让他们产生企业文化认同感。

6．厨师气质差异管理

厨师的气质多是充满自信、不服输，做事干净利落，为人爽快，但是有些厨师可能这种气质并不明显。根据厨师情绪兴奋的气质特征可采取表扬的方式激发他的工作热情，提供多种学习观摩机会，了解行业岗位技术的水准，了解现代餐饮业市场的要求与发展趋势，促使他们调整心态，进一步提高和改进技术，更新工作观念。

厨师看重师徒关系，师傅要求严格，徒弟毕恭毕敬，根据这一气质特征可采用师傅带徒弟的提高技能模式。厨艺技能表现在菜肴制作又好又快，他们也往往是讲求质量和速度并重的秉性，因此慢性子和急性子都需要管理纠正。

由于工作的实践性，青年厨师用于文化修养的时间不多，应通过文化修养，增强他们的文化内涵，提高气质的文化涵养禀赋。

7．不良性格管理

厨师遵循技术规则和操作规程，一般而言都比较遵守管理制度，前提是让他们感到满意的管理制度。一般厨师都开朗爽快，但也有些厨师易生闷气、发牢骚甚至发脾气。

（1）内向型性格　内向型性格的表现为不愿意参加公众场合的活动，不爱言谈甚至孤芳自赏。他们有意见不说，而是默默地抵制，要引导他们逐步参加集体性的活动，主动与他们沟通谈心。想办法解决他们的心理误区，让他们走出心理阴影，变得阳光一些。要通过事迹案例让他们意识到自己的性格缺陷，然后找到克服纠正的途径。

（2）固执倔强　厨艺人员在性格上多多少少有些固执倔强，这是由过分的自信和自尊造成的。有的厨艺人员不服输甚至导致自大狂妄，认为自己的技能无人能比，看不惯别人的技能。这样的人往往固执倔强。首先要让他们了解或者目睹行业技艺高超人员的事迹和行动，帮助他们走出自我为中心的心理误区，引导他们形成良好的自信自尊心理。可以通过学习互补体验技能相长，虚心学习赢得新的自尊。摒弃偏激的认识，纠正认为管理人员的批评指正是无理的、自己无法接受的心理。克服单纯的技能比拼心理，引导他们要从个人与企业、个人与职业的发展眼光和职业精神出发，在发展的环境中发展自己。

（3）虚荣妒忌　每个人都有虚荣的倾向，只是程度不同而已。适度的虚荣心理可以增强自尊，激发发展的需要，但是过度的虚荣会导致爱慕虚荣甚至妒忌他人的心理。厨师自尊的心理如果过度就会导致这种畸形心理。对比自己强的人心生妒忌以至嫉恨，希望别人曲折多事，有时甚至搬弄是非，幸灾乐祸甚至落井下石。心胸狭隘，眼里容不得比自己强的人，又蔑视不如自己的人。要通过说服教育其参加活动，体验人的社会性，正确认识自己的优缺点和别人的优缺点，从职业发展的角度来认识自己的处境。

（4）自卑型性格　渴望成功的体验是人的共性。通过积极的努力得到的成功，体验会更为深刻。但是如果长时间的努力换来的是屡次失败会造成自卑的性格。另外，对自己要求过高或者不求和实际也会造成自卑的性格。厨师的技能性成功体验是由快到慢，由感性到理性，此外需要一定的悟性，有些人可能体验不到成功的经历，又恨水不成冰就容易导致自卑的心理。这时候需要针对性地进行技术帮助、观念引导和心理开导，让他们认识到自己的能力范畴所在和正确评价自己。

【拓展与应用】

厨师长跳槽引发的巨额违约金索赔案

因未经公司批准擅自离职、掌握核心商业机密的成都陈氏官府菜（化名）原厨师长罗伟（化名）近日被法院判赔250万元违约金。××公司对外宣称，除对该厨师长索赔违约金外，还将保留追究其带走陈氏官府菜商业机密的权利，“如果他泄密，还要加告他”。知识产权保护而引发数额如此巨大的劳动违约金赔偿，在国内餐饮界尚属首次。

作为一个厨师，罗伟究竟有多大的能耐？为何会引发如此巨额的劳动违约金官司？

陈氏官府菜由清末民初官宦陈寒浚父子创建，有上百年历史。1999年，四川××集团将其从北京引入成都，成立四川陈氏官府菜餐饮发展有限公司（以下简称“陈氏官府菜餐饮公司”），开始在成都开店。陈氏官府菜进入成都后，结合四川美食家口味，调和南北八大菜系的特色，很快形成了新派官府菜的风格，很受食客们的喜爱。慢慢地，陈氏官府菜的生意越来越红火。2001年初，当时学中餐的罗伟得知自己的师傅已经升任陈氏官府菜餐饮公司的行政总厨，他立即找师傅帮忙。在师傅的帮助下，罗伟很顺利地进了陈氏官府菜餐饮公司，当上了一名初级厨师，月薪2000多元。

罗伟是一个非常勤快且好学的人，尽管刚开始时他只被安排做普通菜，无缘制作核心菜（独创的陈氏官府菜），可他从不气馁。他购买了不少烹饪书籍来学习，潜心把普通菜做好。平时在厨房屋，只要看见别的厨师做菜，不管是年少的还是年长的，只要有空，他都会认真学习，汲取别人的烹饪经验。正是由于虚心好学，罗伟的厨艺提高很快，从众多厨师中脱颖而出。2002年，罗伟开始受到公司领导的器重，获准进入陈氏官府菜研发团队，从事陈氏官府菜菜品的学习、研究和开发，他的月薪也因此而翻番。

罗伟天生便是一把学厨艺的好手，自从开始学习制作陈氏官府菜后，短短几个月的时间，他便把众多富有特色的陈氏官府菜菜品的制作方法全部学到了手。随即，他开始和研发人员一起研制新的菜品。陈氏官府菜菜品所采用的原材料都是非常昂贵的燕窝、鲍鱼、鱼翅，所以在研究和开发陈氏官府菜时，成本相当高。每研究成功一种新菜品，从事研发的几名厨师都会经历无数次的失败，而每一次失败之后，所使用过的燕窝、鲍鱼、鱼翅等材料就会被研发人员心疼地倒掉。正是在经历了无数次失败和从头再来之后，“官府秘制溏心鲍”“黄焖鱼翅”“官府一品翅”“佛跳墙”“金牌蛇碌”等陈氏官府菜菜品才慢慢地从研发人员的手中出炉。

出于长期从事陈氏官府菜菜品的研究开发，罗伟等研发人员也逐渐成长为高级厨师，成为公司的技术骨干。由于厨艺精湛，罗伟随后也从徒弟变成了师傅，当上了厨师长。就这样，他成了陈氏官府菜的中坚力量，月工资也由原来的5000多元涨至1万余元。

就在罗伟事业一路走高的同时，陈氏官府菜的生意也日渐红火。为了进行连锁扩张，陈氏官府菜餐饮公司斥资上亿元，先后在成都、上海、北京、重庆共开设了7家连锁店，靠着严格的管理和良好的菜品质量，7家陈氏官府菜连锁店开业后生意一直非常兴隆，年盈利数千万元。

2003年7月18日，陈氏官府菜餐饮公司与罗伟签订了《聘用协议》，约定陈氏官府菜餐饮公司聘用罗伟为该公司顾问及四川××集团副总经理，罗伟负责陈氏官府菜菜品的开发研究、菜品创新、厨艺人员的培训及各分店陈氏官府菜大厨人员的担保。聘用期限从2003年7月10日至2013年7月9日，为期10年。协议同时约定，在聘用期限内，公司向罗伟提供年薪30万元、一套面积达230平方米价值上百万元的住房和一辆2.0升的雅阁轿车。除此之外，公司还许诺给其丰厚的年终奖金和提成，其10年总收入近500万元。陈氏官府菜餐饮公司与罗伟签订协议之后，罗伟在工作中兢兢业业，公司承诺为其提供的薪金和待遇也从来没有少过半点。双方都按照当初的约定履行着各自的职责。

数月之后，罗伟与陈氏官府菜餐饮公司便在观念上发生了冲突。公司要求对全国各分店厨师进行统一管理和调配，而罗伟却希望他负责的分店的厨师都是他的徒弟，因为他认为自己的人更好用。并且，罗伟还认为，公司这是在对他进行“牵制”管理，他感到自己有些无法接受公司的做法。罗伟与公司在经营和管理理念上产生了冲突，加之公司未能满足其加薪的要求，2004年7月初，罗伟突然单方面离开了陈氏官府菜，到外地一家高档餐饮公司做高层管理人员。让陈氏官府菜感到气愤的是，罗伟走后不到一个月，全国各分店先后共有数十名厨师也相继跟着辞职。几十名厨师的突然出走，使得陈氏官府菜顿时陷入困境，公司急忙从全国紧急招了50名厨师，这才缓解了人才流失的压力。

陈氏官府菜餐饮公司认为，罗伟不仅自己违约离职，还一下子带走了几十名厨师，加上罗伟又掌握着陈氏官府菜的烹饪绝技，该公司决定追究罗伟的违约责任，要求其按照协议承担合同约定的巨额违约金。2004年8月30日，陈氏官府菜餐饮公司向成都市劳动争议仲裁委员会提出劳动仲裁申请，要求罗伟支付250万元的违约金并办理离职交接手续。

2004年12月30日，仲裁委下达了裁决书，认为罗伟违反协议约定，在未得到陈氏官府菜允许的情况下，未办理任何离职手续就单方面离职，其行为已违反《中华人民共和国劳动法》的规定和协议约定，严重损害了陈氏官府菜的利益，对其造成了经济损失。

在仲裁委员会无法进行庭外和解的情况下，青羊区法院开庭审理此案，双方辩护律师各执一词。经过审理，法院最后认为，罗伟与陈氏官府菜是在平等自愿、协商一致的情况下签订《聘用协议》的，其内容没有违反法律、行政法规的规定，是双方当事人真实意思的表现，协议合法、有效。尽管罗伟辩称自己在2004年5月底就提交了书面辞职报告，是得到陈氏官府菜的同意后才离开的，但其无法向法庭提交任何证明其主张的书面证据。2005年4月19日，青羊区法院作出一审判决：罗伟于判决发生法律效力之日起5日内到陈氏官府菜办理离职交接手续，并在30日内以现金形式一次性支付陈氏官府菜违约金250万元。案件受理费由罗伟负担。

2005年5月20 日，罗伟收到了一审判决书。拿到判决书，他的心里很不平静，尽管自己作为陈氏官府菜的高层管理人员，高职高薪，但是这毕竟还不到一年时间啊，自己所挣的钱还不够支付违约金的零头呢！ 250万元对罗伟来说，如同天文数字，经过与代理律师商量后，6月3 日，罗伟向成都市中级人民法院提起了上诉。

一次负气出走，使罗伟背上了250万元巨债，这不能不说是我国餐饮业的一个奇怪现象，中国餐饮业对厨师的依赖程度严重阻挡了餐饮业的扩张道路。

第二节 前厅服务员管理心理

前厅服务员向饮食消费者提供面对面的直接服务。服务人员的素质和服务质量是餐饮企业的无形产品价值，直接影响着饮食消费者的饮食体验能否顺利完成。餐饮企业要高度重视前厅服务人员的管理，从客观的管理制度上对服务人员实行人性化的管理。

【学习资料链接】

餐厅服务员管理制度

餐厅接待员岗位职责：

1. 及时了解当天的餐桌预订情况及餐厅服务任务单，并落实安排好餐桌。
2. 接受客人的临时订座。
3. 负责来餐厅用餐客人的带位和迎送接待工作。
4. 仪容整洁，不擅离岗位。
5. 根据不同的客人，合理安排他们喜欢的餐位。
6. 解答客人提出的有关饮食、饭店设施方面的问题，收集有关意见，并及时向餐厅主管反映。
7. 婉言谢绝非用餐客人进入餐厅参观和衣着不整的客人进餐厅就餐。
8. 保证地段卫生，做好一切准备。
9. 在餐厅客满时，礼貌地向客人解释清楚，并热情替客人联系或介绍到本酒店其他餐厅就餐。

服务员岗位职责：

1. 按照规格标准，布置餐厅和餐桌，做好开餐前的准备工作。
2. 确保所用餐具、玻璃器皿等清洁、卫生、明亮、无缺口；桌布、餐巾干净、挺括、无破损、无污迹。
3. 按服务程序迎接客人入座就席，协助客人点菜，向客人介绍特色或时令菜点。
4. 仪容整洁，不擅自离岗。
5. 勤巡台，按程序提供各种服务，及时收撤餐具，善于推销酒水饮料。
6. 开餐后，搞好餐厅的清洁卫生工作。
7. 熟悉餐牌和酒水牌的内容，如食物的制作方法等。

8. 做好餐后收尾工作。

跑菜员岗位职责：

1. 做好营业前洁净餐具、用具的卫生入柜工作，保证开餐时使用方便。

2. 准备好开餐前各种菜式的配料及走菜用具，并主动配合厨师出菜前的工作。

3. 了解菜式的特点、名称和服务方式，根据前台的时间要求、准确、迅速地将各种菜肴送至前台。

4. 了解结账方式，妥善保管好订单，以便复核。

5. 协助前台服务员做好餐前准备、餐后服务和餐后收尾工作。

6. 协助厨师长把好质量关，如装盘造型、菜的冷热程度等。

7. 协助前台服务员，沟通前后台的信息。

一、职业素质

1．熟练掌握专业操作技能

餐厅服务的每一项工作、每一个环节都有自己特定的操作标准和要求，如托盘、摆桌、餐巾折花、斟酒、上菜、分菜等。因此，餐厅服务员要努力学习、刻苦训练，明确各项服务的规格、程序和要求，熟练掌握餐厅服务的基本技能，做到服务规格化、标准化、程序化。

2．讲究各种服务礼节

餐厅服务中的各种礼节主要体现在语言和行为上，并贯穿于服务的各个环节。归纳起来，主要有：问候礼节、称呼礼节、迎送礼节、操作礼节、仪表礼节、宴会礼节等。因此，餐厅服务员要讲究各种服务礼节，并在实际工作中完美地展示出来，做到礼貌待人。

3．不断提高自身的文化素养

餐厅服务员应具有良好的文化素养和广博的社会知识，这不仅是做好服务工作的需要，而且也有助于自己形成高雅的气质、广泛的兴趣和坚韧不拔的意志。餐厅服务员必须掌握的知识有：烹饪知识，营养卫生知识，商品知识，心理学知识，餐厅设备的使用、保养、维修知识，餐旅文学知识，旅游地理知识，美术与音乐方面的知识，民俗和法律方面的知识等。

4．具有良好的人际交往能力

餐厅服务是一种特殊的人际交往活动。餐厅服务员应主动加强与客人的交往，加深对客人的了解，采取客人乐于接受的方式进行服务。餐厅服务员在与餐厅客人的交往中，必须坚持“客人第一”“客人永远是对的”的原则。通过与客人的交往，创造出亲切、舒适的就餐环境，加强与客人的情感交流，提高客人对餐厅的忠诚度。所有这些，均要求餐厅服务员具备一定的人际交往能力。

5．良好的服务态度

餐厅服务员要用良好的服务态度取得客人的好感和信任，以便双方从一开始接触就能建立起友善的关系。良好的服务态度是进一步做好服务工作的基础，是贯彻“客人第一”原则和增强员工服务意识的具体表现。

（1）主动　牢固树立“客人第一，服务第一”的专业意识，餐厅服务员在服务工作中应时时处处为客人着想，表现出一种主动、积极的情绪，主动发掘客人要求，并及时地予以解决，做到眼勤、口勤、手勤、脚勤、心勤，把服务工作做在客人开口之前。

（2）热情　餐厅服务员在服务工作中应热爱本职工作，像对待亲人一样为客人服务，做到面带微笑、语言亲切、精神饱满、诚恳待人，有助人为乐的精神，处处热情待客。

（3）耐心　在为各种不同类型的客人服务时，餐厅服务员应有耐性，不急躁、不厌烦，态度和蔼。服务员应善于揣摩客人的消费心理，对于他们提出的所有问题，都应耐心解答，百问不厌；并能虚心听取客人的意见和建议，对事情不推诿；与客人发生矛盾时，应尊重客人，并有较强的自律能力，做到心平气和，耐心说服。

6．快捷的服务效率

就餐客人对在餐厅的耗时等候最感头疼，他们普遍希望进入餐厅后立即能在满意的餐桌入座，点菜后能尽量缩短等候时间。因此，在服务中一定要讲究效率，既让客人高兴而来、满意而去，又使餐厅的餐位利用率提高、接待人数增多、营业收入增加，形成客我两便的良性循环。

二、职业道德

为了能更好地提供优质的服务，每一个餐厅服务员都必须遵守一定的职业道德规范。以下就是餐厅服务员职业道德规范的主要内容。

1．热情友好，客人至上

热情友好，客人至上是餐厅职业道德中最基本和最具特色的一项道德规范，是餐厅真诚欢迎客人的直接表现，是餐厅服务员敬业、乐业精神的具体体现。其具体要求是：热情友好、不卑不亢，谦虚谨慎、尊重客人，牢记服务宗旨、规范服务行为。

2．真诚公道，信誉第一

真诚公道，信誉第一是正确处理餐厅与客人之间利益关系的一项行为准则。其具体要求是：广告宣传，恰如其分；信守合同，履行承诺；按质论价，收费合理；真诚待客，拾金不昧；实事求是，知错就改。

3．文明礼貌，优质服务

文明礼貌，优质服务是餐饮业一项极其重要的道德规范和业务要求，也是餐厅职业道德一个最显著的特点。其具体要求是：仪表整洁，举止大方；微笑服务，礼貌待客；环境优美，食品卫生；保质保量，设施完好；尽心尽责，服务周到；语言优美，谈吐文雅。

4．团结协作，顾全大局

团结协作，顾全大局是餐厅经营管理成功的重要保证，是餐厅内部处理同事之间、岗位之间、部门之间以及大局利益与整体利益、眼前利益与长远利益等相互关系的一项行为准则。其具体要求是：团结友爱，互相尊重；密切配合，互相支持；学习先进，互相帮助；发扬风格，互相关心。

5．遵纪守法，廉洁奉公

遵纪守法，廉洁奉公是餐厅服务员正确处理个人与集体、个人与国家关系的行为准则，既是行政和法律的要求，又是道德规范的要求。其具体要求是：严格执行政策法令；自觉遵守职业纪律；反对不正之风，抵制精神污染；坚持集体主义，维护国家利益。

6．钻研业务，提高技能

这一条是各行各业共同的业务要求和道德规范，也是餐厅职业道德不可缺少的基本规范之一，是餐厅服务员搞好本职工作的关键。其具体要求是：要具有强烈的职业责任感；要具备崇高的职业理想和坚强的意志；要掌握正确的途径和方法。

7. 平等待客，一视同仁

每一位餐厅服务员都应自觉地去尊重客人的人格，主动热情地去满足客人的合理要求，把令人满意的服务提供给每一位客人。在提供服务时，要摒弃“看人下菜碟”的旧习气，绝对禁止以貌取人和以职取人。

具体来说，要注意以下几个方面：在接待服务中，要做到“六个一样”：

（1）“高、低”一样，即对高消费客人和低消费客人一样看待，不能重“高”轻“低”；

（2）“内、外”一样，即对国内客人和国外客人一样看待，不能重“外”轻“内”；

（3）“华、洋”一样，即对海外华人（华侨、外籍华人）和外国客人一样看待，不能重“洋”轻“华”；

（4）“东、西”一样，即对东方国家的客人和西方国家的客人一样看待，不能重“西”轻“东”；

（5）“黑、白”一样，即对黑种人客人和白种人客人一样看待，不能重“白”轻“黑”；

（6）“新、老”一样，即对新来的客人和老客人一样看待，不能重“老”轻“新”。

在一视同仁的前提下，做到“六个照顾”：

（1）照顾先来的客人；

（2）照顾外宾和华侨、华裔以及港、澳、台地区的客人；

（3）照顾贵宾和高消费的客人；

（4）照顾常住客人和老客人；

（5）照顾黑人和少数民族客人；

（6）照顾妇女、儿童和老弱病残客人。

三、服务观念

1. 服务意识

服务员与客人的关系是服务与被服务的关系。作为一名餐厅服务员，要牢固地树立自觉为客人服务的观念和意识。服务意识是餐厅服务高度的服务自觉性的表现，是树立“客人永远是对的”思想的表现。服务意识应具有以下四项内容：

（1）预测并提前或及时到位地解决客人遇到的问题；

（2）对发生的各种情况，按规范化的服务程序解决；

（3）不发生不该发生的事故；

（4）遇到特殊情况，提供专门服务、超常服务，以满足客人的特殊需要。

2.“客人第一”观念

“客人第一”观念就是把客人放在第一位。在餐厅服务中，消费者是宾，餐厅服务是主；餐厅服务要把客人放在首位，一切为客人着想，一切使客人满意。尽量为客人提供优质服务是每个服务员应尽的责任和义务。

“客人第一”就是“客人至上”。这种思想就是以客人为核心开展工作，以满足客人需求，让客人满意为标准，时刻准备为客人提供优质服务。它要求餐厅服务员素质高、有涵养、宽宏大量，尊重客人。

3．角色意识

餐厅服务员是餐厅的营业代表，服务员与客人之间的交往，就是餐厅与客人的交往，这就要求餐厅服务员做到以下几点：

（1）应具有较高的文化层次和素质，必须是一个善于表达意愿、具有良好社交能力的“交际家”；

（2）必须是了解客人心理并善于使用心理学知识达到优质服务效果的“心理学家”；

（3）必须了解本餐厅所出售的产品及服务的质量，并把最好的产品推荐介绍给客人，让客人乐意购买其所需的产品；

（4）应能向客人提供关于餐厅设施、服务等方面的知识，还必须是一个“百事通”；

（5）应时时使自己处于最佳的精神状态，与客人建立良好的宾主关系，要站在客人的角度，以心换心，为客人提供热情、快捷、高雅的服务。

【拓展与应用】

服务人员的十个好习惯

员工能够养成以下10个习惯，这个员工一定是一个优秀的员工，如果整个酒店的员工都能形成这些习惯，这个酒店就一定会成为一个优秀的酒店。

第一个习惯：员工必须知道酒店的目标、价值观、信条和自己的工作范围。

酒店目标要靠全体员工的努力才能实现，只有管理层知道的目标是没有根的目标。员工最需要知道的是酒店对自己的期望和要求，他们对这些目标的认知和理解，直接影响酒店的服务质量。因此，每一位员工都有义务理解酒店的目标，并应该进一步知道围绕这个根本目标制定的各种酒店战略中和员工有关的工作。

第二个习惯：员工都必须做到尽量使用客人的名字称呼客人，预见并满足客人的需求，热情亲切地送别客人。

使用客人的姓氏称呼客人，表达了对客人的尊重和关注。满足客人的需求是对服务的基本要求，但要做到宾至如归，就必须在实践中不断总结，做到预见客人的需求，在客人还没有提出或客人认为是额外的服务不好意思提出时，就主动帮助客人解决困难。同样，我们不要忘记做好送客工作，亲切地把客人送走，整个服务过程才算结束。

第三个习惯：员工在工作时间不应使用客用设施设备，在任何时间、地点，行动都应该以客为先。

员工应该培养酒店意识，酒店意识是指酒店员工的言行举止应该有酒店从业人员的职业素质和风度。应该做到以下六点：

礼貌：见到客人和同事应该打招呼，问好，并主动询问客人是否需要帮忙；

三轻：走路轻、讲话轻、操作轻；

安静：有客人在时应该停止内部的对话，转而关注客人的需求。如果在和另外的客人讲话或通电话时，应该用眼神和客人打招呼。由于工作需要乘客用电梯时应该保持安静，不要大声和同事或其他客人讲话；

回避：做客房清洁卫生时，如果住客回房间应该主动询问是否打扰客人，主动回避；

礼让：客人使用酒店公共设施时应该自觉礼让，让客人优先使用，如让客人优先出入电梯，在走廊通道礼让客人先走等；

方便：服务是为了方便客人，酒店服务员不应该因为正在为客人服务而使客人不便。如在清洁公共卫生间时，如果有客人使用，应该先让客人使用，然后再继续清洁；客人入住高峰期不应该安排大堂地板打蜡；客人使用电梯时不应该抢先在里面打扫；陪同客人到酒店内的目的地，而不是仅指明方向了事，等等。

第四个习惯：保证对你面前3米内的客人和员工微笑致意，并让电话中的客人听到你的微笑。

微笑是酒店从业人员的重要习惯。微笑不仅会带来客人的喜悦，而且可以化解客人的不满。我们不仅要求员工保证向客人微笑，更重要的是使微笑成为员工生活的一部分。

第五个习惯：为满足顾客的需求，充分运用酒店给你的权力，直至寻求总经理的帮助。

满足顾客的需求是酒店获取利润的源泉。只要是为了满足客人的需求，员工应该对自身的判断力充满信心，运用酒店的授权解决客人的困难。如果需要的话，不要吝啬向其他部门的同事和上级管理者寻求支持和援助，甚至勇敢地直接向总经理寻求援助。酒店管理者应该鼓励和培养这种全心全意为顾客服务的精神和勇气。

第六个习惯：员工必须不断认识酒店存在的缺点，并提出你的改进建议，使酒店的服务和质量更加完美。

任何一个酒店都存在无数的缺点，酒店只有不断改进才能适应不断变化的竞争环境。酒店管理层应该创造一个让员工消除畏惧心理的开放环境，用对待客人投诉的态度和方式对待任何员工的意见和建议。

第七个习惯：积极沟通，消除部门之间的偏见。不要把责任推给其他部门或同事。在工作场所，不要对酒店做消极的评论。

当客人提意见时，员工把责任推到其他同事或者其他部门，甚至推到领导身上的事例屡见不鲜。他们不明白客人考虑的不是酒店中哪一个部门或哪一个人应该负责，而是酒店要负责任。员工这种推卸自身责任的态度会令客人更加不满，进一步损害酒店的整体形象。因此，酒店服务中内外有别是必要的。对内要分清责任，对外要维护酒店整体形象。

第八个习惯：把每一次客人投诉视作改善服务的机会。倾听并用最快的行动解决宾客投诉，保证投诉的客人得到安抚。尽一切努力，重新赢得客人的信任。

员工必须认识到，没有一个宾客愿意投诉。员工应该把客人每一次投诉看成一次留住客人的机会，必须尽一切办法，快速回应，解决问题，再次赢得客人对酒店的信心。

第九个习惯：制服要干净整洁、合身，鞋要擦亮，仪容仪表端正大方，上岗时要充满自信。

员工在上岗时精神饱满，着装整齐，充满自信，不仅表达了对客人的重视和尊敬，而且能够充分展示企业的形象和管理水平。自信来源于对工作的驾驭能力、满意度和相关知识，自信的员工才会有工作的自豪感，自信的员工才会得到客人的尊重。

第十个习惯：爱护酒店财产，发现酒店设备设施破损时必须立即报修。

不爱护酒店的资产就等于增加酒店经营的成本。没有维修保养意识，不及时维修，新酒店也会很快陈旧。酒店不必追求豪华的装修和装饰，但必须有完好常新的设备，员工要努力创造一个让客人惊喜的居住环境。

·课后思考题·

1. 简述个性的含义及其分类。
2. 简述厨师需要的特征。
3. 简述餐饮企业服务人员的需要特征。
4. 性格的含义及其特征。
5. 简述厨师的不良性格。
6. 简述餐饮业服务人员的职业素质。
7. 简述如何提高餐饮业从业人员的服务观念。

第七章 CHAPTER 7 餐饮营销心理

学习目标：

1. 了解餐饮品牌的意义。
2. 了解餐饮广告的媒介。
3. 掌握餐饮营销中的心理效应。

本章导学：

一般来说，餐饮企业可以采取广告营销、宣传营销、菜单营销、人员营销、餐厅形象营销、电话营销、公关营销以及特殊营销等营销活动。餐饮营销不仅是指单纯的餐饮推销、广告、宣传、公关等，它同时还包含有餐饮经营者为使宾客满意并为实现餐饮经营目标而展开的一系列有计划、有组织的、广泛的餐饮产品以及服务活动。

餐饮营销不仅是一些零碎的餐饮推销活动，更是一个完整的过程。餐饮营销是在一个不断发展着的营销环境中进行的。首先，应确定餐饮企业的经营方向，进行市场调查以确定经营方向；然后深入进行市场细分，对竞争对手及形势进行分析，确定营销目标；随即研究决定产品服务、销售渠道、价格及市场营销策略；以及具体实施计划财务预算，并通过一段时间的实施，再根据信息反馈的情况，及时调整经营方向和营销策略，最后达到宾客（people）、价格（price）、实绩（performance）、产品（product）、包装（package）、促销（promotion）等诸多因素的最佳组合。

第一节 品牌营销

【学习热身】

新老品牌联名营销案例研究——“椰云拿铁”营销案例分析

根据瑞幸咖啡2021年的财报显示，2021年全年一共推出了113款全新现制饮品，每一款都得到了不错的反馈，在瑞幸强大的营销加持下，生椰拿铁成为2021年现象级的爆款饮品，成为了无数上班族、博主每个vlog中必出现的一款标志。据统计，人气最高时，生椰拿铁创下了单月销量1 000万杯的纪录。截至2022年4月6日，瑞幸官方微博报告，生椰拿铁在推出1周年之际，不负众望地实现了1亿杯的销量。有调查显示，大多数消费者的口味已经从单纯的咖啡逐渐转变为奶咖。瑞幸在生椰拿铁爆红之后，又投入新产品的研发，与椰树椰汁联名，推出了“椰云拿铁”。椰云拿铁作为春季爆款预定，在配方上延续了生椰拿铁的经典组合：椰浆加咖啡。所谓“椰云”，就是采用环状分子包埋技术，把椰浆打出超细的泡沫，呼应其标语“轻盈绵密，一口吞云”，椰浆采用冷榨生椰浆，打出0乳糖0植脂末的健康口号，在一定程度上满足了广大减肥人士的心理需求。咖啡作为主体更是采用了Espresso（IIAC金奖咖啡豆）。如此高品质的产品设定，又会吸引一大批咖啡爱好者。

由于此次联名产品椰云拿铁主要以年轻群体80后、90后、00后为目标群体，目标区域中一、二线城市占比较大，少量覆盖三、四线小城市，所以在价格上，单价在20元以内，和一杯中等价位的奶茶差不多，对于大多数人来说都是一个可以接受的价格，与其他咖啡品牌如星巴克动辄30元一杯相比，让很多小镇青年实现了咖啡自由，从此咖啡不再仅仅是都市白领的标配。

作为前期预热，在2022年4月8日，瑞幸官方发布消息：“倒计时三天！这个合作品牌34年来首次联名”，并配图以马赛克版联名海报，官方发博，引起了大家的猜测与讨论。紧接着在小红书平台上，就有“热心”网友晒出同款杯套图，同时有“幸运网友”晒出偶然间撞见瑞幸门店收货的场景，其中有几箱椰汁“乱入”。为使其热度更上一层，瑞幸发起包装设计投票，椰云的最终版包装设计由网友在小红书上投票决定。

2022年4月8日下午，瑞幸咖啡和海南椰树集团在评论区互动，喜剧感拉满。在私域占有上，在小红书、微博、抖音等多平台预热铺垫之后，消费者的讨论愈发热烈，在正式售卖之后，消费者自发开启在朋友圈的晒图热潮，出圈流量不断增加。瑞幸咖啡在周边宣传上也不遗余力，有定制杯套，两款致敬版包装袋，让不少消费者为了得到这个富有椰树集团“土潮”特色的包装袋和杯套而特意购买。

此次瑞幸营销的渠道分为线上抖音直播间带货加网络营销，线下门店加线下营销两部分。线上海报宣传，热门话题引导营销依托于互联网将信息传递给消费者，作为此次营销的主要平台的小红书，截至2022年4月14日，带有椰云拿铁相关标签的笔记总数已达1 304篇。小红书增粉1万+，官方推文互动量15万+，抖音增粉15万+，在官方的不间断抖音直播中，截至2022年4月12号，官方直播间销售额已破千万。线下门店通过门店直销和外卖订单，根据瑞幸官方2022年4月12日9时发布的战报数据显示首发日单店销量超130杯，总销量超66万杯。

一、品牌

品牌的英文是brand，源出古挪威文brandr，意思是“烧灼”，人们用这种方式来标记家畜等需要与其他人相区别的私有财产。到了中世纪的欧洲，手工艺匠人用这种打烙印的方法在自己的手工艺品上烙下标记，以便顾客识别产品的产地和生产者。这就产生了最初的商标，并以此为消费者提供担保，同时向生产者提供法律保护。16世纪早期，蒸馏威士忌酒的生产商将威士忌装入烙有生产者名字的木桶中，以防不法商人偷梁换柱。到了1835年，苏格兰的酿酒者使用了“Old Smuggler”这一品牌，以维护采用特殊蒸馏程序酿制的酒的质量声誉。在《牛津大辞典》里，品牌被解释为“用来证明所有权，作为质量的标志或其他用途”，即用以区别和证明品质。

品牌是符号，是浓缩着企业各种重要信息的符号。把企业的信誉、文化、产品、质量、科技、潜力等重要信息凝练成一个品牌符号，着力塑造其广泛社会知名度和美誉度，烙印到公众心里，使产品随品牌符号走进消费者心里。这个过程就是打造品牌。

品牌是形象，是信誉，是资产。品牌附加值不是按照其投资额推算的，强势品牌低投入、高收入，所带来的高额利润，多倍超出市场平均水平。

品牌是衡量企业及其产品社会公信度的尺度。品牌竞争力是企业的核心竞争力，经济全球一体化，市场竞争，取决于品牌竞争。

二、品牌营销的含义

品牌营销是指企业通过利用消费者的产品需求，然后用质量、文化和独特性的宣传来创造一个牌子在用户心中的价值认可，最终形成品牌效益的营销策略和过程；是通过市场营销，运用各种营销策略，使目标客户形成对企业品牌和产品、服务的认知—认识—认可的一个过程。品牌营销从高层次上就是把企业的形象、知名度、良好的信誉等展示给消费者或者顾客，从而在顾客和消费者的心目中形成对企业的产品或者服务品牌的形象。

著名品牌营销专家翁向东认为：“品牌营销的关键点在于为品牌找到一个具有差异化个性、能够深刻感染消费者内心的品牌核心价值，它让消费者明确、清晰地识别并记住品牌的利益点与个性，是驱动消费者认同、喜欢乃至爱上一个品牌的主要力量。”

三、品牌营销的要素

从一般意义上讲，产品竞争要经历产量竞争、质量竞争、价格竞争、服务竞争到品牌竞争的过程，前四个方面的竞争其实就是品牌营销的前期过程，当然也是品牌竞争的基础。

1．质量第一

任何产品，恒久、旺盛的生命力无不来自稳定、可靠的质量。餐饮服务质量是指餐饮企业以及以其拥有的设备设施为依托，为客人提供的服务在使用价值上适合和满足客人物质需要和心理需要的程度。适合是指餐饮企业为客人提供的服务的使用价值能为客人所接受和喜爱；满足是指该使用价值能为客人带来身心的愉悦和享受。因此要树立质量第一意识，重视培养员工的职业素质和风度，提高他们的文化水平；采用合理的管理制度，加强餐饮服务质量的监督检查；站在顾客的立场上考虑问题，把握市场的走向；完善硬件设施，保证消费环境，提高知名度；明确服务理念，提高工作效率。

2．诚信至上

人无信不立，同理，品牌失去诚信，终将行之不远。诚信营销是指企业将诚信贯彻到营销的各个环节中，坚持诚信至上理念，在整个营销活动中将企业、消费者、社会三者利益统一兼顾，做到诚实守信，着眼基业长青。诚信营销有两层含义：其一是企业和消费者应始终坚持信息对称原则，保证营销活动的开展公平公正，没有欺诈等行为的发生；其二是企业营销行为应遵守国家法规政策，符合社会道德规范，不能违背社会公德等。

3．定位准确

著名的营销大师菲利普·科特勒曾经说过：市场定位是整个市场营销的灵魂。的确，成功的品牌都有一个特征，就是以始终如一的形式将品牌的功能与消费者的心理需要连接起来，并能将品牌定位的信息准确传达给消费者。

市场定位并不是对产品本身采取什么行动，而是针对现有产品的创造性思维活动，是对潜在消费者的心理采取行动。因此，提炼对目标人群最有吸引力的优势竞争点，并通过一定的手段传达给消费者，然后转化为消费者的心理认识，是品牌营销的一个关键环节。

4．个性鲜明

生产的标准化并不意味着每一个服务环节都必须一模一样，毫无差别，特别是对于服务产品来说，人们的需求千差万别，必须根据不同的顾客，在不同的时间、不同的场合，提供不同的服务。只有这样，顾客才能感受到我们提供的是有别于我们竞争对手的具有优势的产品。要在充分体现独特个性的基础上力求单一和准确。单一可以赢得目标群体较为稳定的忠诚度和专一偏爱；准确能提升诚信指数，成为品牌营销的着力支点。

5．巧妙传播

有整合营销传播先驱之称的舒尔茨说：在同质化的市场竞争中，唯有传播能够创造出差异化的品牌竞争优势。时至今日，品牌的创立就远没有那么简单了，除了需前述四个方面作为坚实基础外，独特的产品设计、优秀的广告创意、合理的表现形式、恰当的传播媒体、最佳的投入时机、完美的促销组合等诸多方面都是密不可分的。为什么不少中小企业的一些产品确实不错但却难以打动更多的消费者？主要原因就是营销计划缺乏周密的整合思路，自然也就无法全面收到市场传播的效果。

四、品牌营销的策略

品牌营销的策略包括四个：品牌个性（brand personality，BP）、品牌传播（brand communication，BC）、品牌销售（brand sales，BS）、品牌管理（brand management，BM）。

1．品牌个性

品牌个性，简称BP，包括品牌命名、包装设计、产品价格、品牌概念、品牌代言人、形象风格、品牌适用对象等。

2．品牌传播

品牌传播简称BC，包括广告风格、传播对象、媒体策略、广告活动、公告活动、口碑形象、终端展示。在传播上，品牌传播与整合营销传播所不同的是，品牌传播的媒体可以是单一媒体，也可是几种媒体组合，完全根据市场需要决定。

3．品牌销售

品牌销售简称BS，包括通路策略、人员推广、店员促销、广告促销、事件行销、优惠酬宾等。

4．品牌管理

品牌管理简称BM，包括队伍建设、营销制度、品牌维护、终端建设、士气激励、渠道管理和经销商管理等。

第二节　餐饮品牌营销

一、餐饮企业的竞争力

餐饮企业竞争力指企业在市场竞争中取胜获利的能力。具体地说，它是指餐饮企业在经营业绩、客源市场、人力资源、顾客满意度及成本、质量、营销诸方面所具有的现实的和潜在的持续发展能力。这种能力是一种综合能力，它不仅包括企业现在和过去的竞争业绩，还包括餐饮企业竞争的潜力及管理能力。

1．现实竞争力

现实竞争力是餐饮企业现在所具有的竞争实力，如企业现有的经营业绩，经营规模以及其收益情况等。主要指标包括：

（1）营业收入　一般以一个会计年度为计量单位；

（2）利润总额　这是评估餐饮企业经营业绩最重要的指标，反映了企业的获利能力；

（3）资产总额　餐饮企业为顾客提供服务必须以房屋建筑、设备设施为依托，这些都表现为企业所拥有资产总额的多少；

（4）市场占有率　反映企业在整个行业的地位水平；

（5）人力资源水平　餐饮企业是一个员工流动率很大的行业，这也是制约着餐饮企业品牌化和产业化最大的瓶颈。

2．发展竞争力

具有竞争力的餐饮企业不仅现有实力水平较高，而且必须具有一定的发展能力。我们假设企业在一定时期内能够保持在过去时期所表现的资本增加、市场扩张、收益提高等发展能力。利用以下几个指标，我们就可以根据饭店已经实现的增长（或衰退）来评价餐饮企业未来能够达到某一竞争力水平的能力。

（1）收入增长率　能够反映餐饮企业扩大市场、提高销售额的能力。

（2）利润增长率　是评价企业发展竞争力的重要指标，它不仅反映了餐饮企业扩大销售的能力，而且还反映了其成本控制的效果。

（3）净资产增长率　反映了企业积累资本的能力。

相对于改革开放初期，现在的餐饮企业生存环境已经发生了重大变化。成熟的买方市场已经形成，就消费形式而言，快餐、正餐、休闲食品琳琅满目。农家菜、地方菜、官府菜、私房菜等主题餐饮品类繁多，消费者可选择的余地大大丰富了。由此可见，消费者的选择已经成为餐饮企业实现其竞争力的决定力量。因此，要解决企业的竞争力问题，必须把消费者的选择行为与企业内部的管理策略有机地结合起来。于是品牌竞争开始盛行，该策略认为品牌是影响消费者选择行为的关键因素，因为品牌能够使消费者在选择过程中降低成本，提高选择效率。同时，品牌也通过影响消费者的选择行为，成为连接企业和外部环境的纽带。

二、基于竞争力的营销策划

根据目的营销的五个要素来确定时间。营销策划要具备针对性、计划性、可操作性、持久性、衔接性和计划性。

1．针对性

根据本年营业额，并结合公司或餐厅销售目标来制定明年十二个月份的营业额，再针对制定营业额及历史数据之间的差距，来分别决定每月的营销手段及主题。

2．可操作性

提前撰写营销方案，并对其可行性与成本进行调研及论证，以此保证活动的实际操作成功率，并将活动的反馈信息作为今后此类活动的参考数据。

3．持久性

每个活动都会有一个生命周期，我们应该考虑，此活动对当月整体营业额要有一个持续提升效果，而不是短短的几天。

4．衔接性

要考虑到所有活动是否可以良好地衔接，既不能中断，也不能冲突，做到365天，天天顺畅营销的效果。

5．计划性

综合前四大要素的要求来看，我们就不得不将制定计划的时间提前至一年，这样才可以很好地融合，达到第五大要素的需求。

综上所述，我们就可以明确地知道，餐饮企业的营销方案应该提前一年做好功课，这样可以实现有计划地调配和采购，达到成本最低化、利润最大化的目标。

第三节　餐饮企业品牌定位

一、餐饮企业的品牌识别与定位策略

品牌识别系统是品牌扩张策略的第一步，是消费者对品牌的第一形象，第一概念，也是

品牌在众多同类产品中能够被一眼识别的清晰面孔。品牌定位则深究品牌的内涵和本质，包括：品牌的核心与灵魂是什么？品牌的价值是什么？品牌的长期目标和最终目标是什么？品牌代表的是什么？品牌的核心顾客群在哪里？

1．基于目标消费群的品牌定位

这种定位方式很容易理解，也就是需要明确你的产品主要是卖给一群什么样的人，品牌将要服务的是什么样的顾客群，说得通俗点，就是谁将愿意为你“买单”、愿意为你掏“钱包”。更为关键的是，一旦品牌的目标消费群体确定，就需要以该类群体为核心服务对象，围绕这一人群提供针对性产品、适应他们需求的环境及相关增值性服务，最大限度地满足他们，从而把品牌与目标顾客群体紧紧“绑”在一起。定位意味着牺牲，做品牌定位就一定要舍得。

如果你已经决定做一个餐饮品牌，而不仅仅是开一个饭店招揽群客，就无须要求自己的品牌去满足所有人的需求，无需要将菜品做到老少皆宜。贪多的结果是“嚼不烂”且无法“嚼”得有特色，这也成了很多餐饮企业始终无法做大、做强的重要原因。

2．基于类别特征定位

类别定位，即让消费者在提到某一个产品类别时，能够很快在脑海中浮现出某一品牌。成功的类别定位特别是开创性的类别定位往往能成为某类产品的代表性品牌。如可乐让人马上就能想到可口可乐、凉茶让人联想到王老吉等。早先肯德基的定位便是烹鸡专家，和麦当劳的巨无霸在汉堡市场中做出区隔。时至今日，很多忠实的消费者在吃鸡肉汉堡时，首先想到的还是肯德基，可见品类的胜利可以直接导致品牌在消费者心智中的胜利。

3．基于非常规心理的定位

基于非常规心理诉求的品牌定位，也就是通过差异化的品牌表现，从而引发人们情感中的某些情愫或猎奇心理，使人们在享受就餐的同时获得不同于常规的消费体验，从情感或心理上引发消费者对品牌的共鸣。

菲利普·科特勒认为：人们的消费行为变化形成的是一个从数量到质量，最后上升到情感消费的轨迹。无论是从情感定位还是从新奇出发，当品牌满足了消费者的猎奇心理，赢得了第一次消费后，必须有些实在的利益（食物、环境、服务）给予消费者，才能将品牌的体验转化成品牌的忠诚度。

类似很多马桶餐厅（用马桶作为餐具）、黑暗餐厅（在伸手不见五指的环境下吃东西）、监狱餐厅等主题餐厅，在满足了第一好奇心理之后，如何让消费者下次能继续光临，就必须在产品力和品牌文化价值上做功课了。

二、餐饮品牌形象的管理

一直以来我国的餐饮企业在品牌形象的塑造上一直投入不足，本身餐饮行业中叫得响的大品牌本来就不多，许多老字号又纷纷衰败。相对于国际品牌，我们在品牌形象方面的塑造，尤其是形象推广上欠缺力度。

1．品牌文化

从品牌传播的角度看，品牌形象的支撑是品牌文化，只有拥有独特、深厚的文化内涵，品牌形象才更丰富，更有魅力。同时，一个品牌持久的生命力，在于品牌蕴涵和代表的、被消费者普遍而且持久认同和接受的文化底蕴。没有文化的支撑，品牌的形象就苍白而肤浅，就不可能赢得消费者广泛而长期的品牌忠诚度，也必然无法与竞争对手相抗衡。

2．体验

体验是一种围绕消费者创造难忘经历和有价值的回忆的活动，我国饮食文化博大精深，包罗万象，在塑造餐饮品牌时应追求个性饮食文化，吸引消费者，使顾客受到刺激或有所触动。突出亲历性，达到体验的效果。如酒楼饭店的装修、环境上要有个性，如果饭店是老字号，有历史话题、人文典故，则可以在这方面做文章；如果饭店经常有名人、名流来往，则可让名人名流说话，产生“名人效应”。此外，还可以创造文化、制造文化，形成自己的风格。

3．餐饮品牌的推广

品牌推广在品牌识别和品牌最终形象之间起着中介和桥梁的作用。不管品牌识别有多清晰，品牌定位再准确，若离开了强有力的品牌推广，也无法实现最终的品牌形象目标。餐饮企业的品牌推广的过程，是品牌形成的过程，也是消费者对品牌的逐步认识的过程。因此，品牌推广可以说是品牌塑造的关键环节。在明晰了餐饮企业品牌的识别、定位与整体形象目标之后，餐饮企业具体的推广可以因地制宜、因人而异。根据地方产业发展政策、销售渠道的便捷与沟通营销模式的不断创新和整合各展拳脚。

例如：2002年的杭州市大力推进西湖西进工程，要将杨公堤一带打造成西湖的“聚景中轴”和“览胜长廊”。知味观响应杭州市的要求，根据杭州西湖的文化品位，将知味观·味庄开设在这一“览胜长廊”上。文化定位符合杭州西湖的文化品位，利用杭州西湖这张金名片树立了名湖、名人、名店的巨大品牌效应，成功地将自己的百年老店的品牌形象从众多的同质竞争对手中区分开来。

（1）广告宣传合理性　在广告宣传上，本土餐饮企业往往会走向两个极端，一种极端是不顾品牌现状和目标市场的范围及消费对象，盲目地进行广告宣传，结果广告费用花了不少，但效果却不是十分明显；另一种极端是很多餐饮企业往往在生意好的时候想不到要做广告，只有当生意不好的时候才想起要做做宣传。

这两种方式无疑都不可取，对于餐饮企业而言，要注重广告宣传，但更重要的是如何务实、有效地做广告。

（2）促销主题化、组合化　很多餐饮企业在做促销的时候，往往今天一个主题，过几天主题又变了，促销显得很散乱，促销效果也大打折扣。我们在促销产品的时候务必牢记：促销也是品牌整合的一部分，任何一次传播都将完成品牌的累计，因此一定要善用每次促销机会，要将促销整合到整体品牌传播中去。

促销手段要合理化组合，不要东一榔头西一棒，否则将无法让消费者获得对品牌的一致信息，即使钱花了不少，促销也不能真正起到作用。

（3）传播手段新兴化　谈到新兴的传播手段，很自然就能想到网络。如今，网络已经成为众多企业所采用的一种全新的传播手段，为企业信息传播拓展了新的渠道，提供了新的方式。

网络传播的最大优点就在于：信息量大、速度快、覆盖广、互动性强。互动性是网络区别于其他传统媒介的最大优点，可以通过网络及时了解目标受众对品牌的看法，与消费者形成良性互动。

网络也成为餐饮品牌口碑的阵地，因为在网络上，消费者可以畅所欲言地表达对菜品真实的想法。越来越多的餐饮网站，都注意培养和打造餐饮的意见领袖，尤其很多新店开张之际，都会免费邀请网络上的餐饮红人试吃。商家都知道好的口碑才能带来好的人气，而越来越多理智的消费者不再相信电视广告，转而相信网络意见领袖的言论，在网络口碑尚未遭到严重污染的期间，那些真实的评论是能够直接促进新的消费体验的。因此，网络传播手段对于餐饮企业而言，决不可忽视。

【拓展与应用】

三亚海鲜陷危机，春园模式保“王牌”

三亚是中国著名的热带滨海旅游城市，每年来三亚的游客不计其数。在三亚“看海、玩海、吃海”，已经成为大部分游客的共识。因为三亚是南海渔场的聚集地，海鲜品种丰富多样，再经过来自全国各地名厨匠心独运的精心烹制，使之不仅为美味佳肴，更具有万种风情。在三亚，不仅汇聚了祖国各地的饮食文化，粤菜、川菜、湘菜、淮扬菜等八大菜系的地方菜肴都可略见一斑。而风味各异的西洋餐菜、日本料理、韩国菜更让你畅怀尽享，只在三亚你就能尝尽国内外地道的风味美食。随着三亚旅游业的稳步增长，近几年来，海鲜餐饮店如雨后春笋般迅速增加。

“吃海鲜，来三亚”，似乎已成为三亚旅游的一张王牌。三亚海鲜餐饮业快速发展着，但混乱无序的局面却也显现出来。三亚有上百个海鲜品种，由于外地游客大多对此缺乏认识，一些不法经营者便钻了空子，违规经营、欺客宰客，使得游客对三亚的海鲜排档怨声载道。一位经营海鲜的老板透露了一些黑心店宰客的“技巧”：张冠李戴，以国家的水生保护动物为诱饵，如把库氏砗磲说成“美女鲍”；高价结算，有时一盘普通的海鲜要价竟然高达两三千元；指鹿为马，随意标注海鲜品名，如把瓜螺说成“皇帝螺”，把气泡鱼当成“老虎斑”，以超过进货价几倍甚至几十倍的价格大肆兜售；短斤少两，强买强卖；勾结导游、出租车司机揽客等不正当手段，让游客如同海鲜店里的海鲜，任人宰割。据了解，海鲜餐饮业已成为三亚市游客投诉最多的一个行业。“王牌”似乎变成了三亚旅游的一张“臭牌”。

而与这种大环境形成鲜明对比的是一个下岗职工创办的春园海鲜广场，游客和当地居民都对春园海鲜广场好评如潮。春园创立短短三四年间，就成为三亚海鲜餐饮业的一个著名品牌。不仅政府的旅游推介网上有它，一些旅游网站也会把它当作三亚的一个卖点。许多游客来三亚吃海鲜，首先想到的就是它。春园海鲜广场的崛起，也起到了示范作用，光是春园所在的那条路上就出现了四五十家海鲜店。从下列的一组数字可以看出春园的受欢迎程度：据介绍，目前春园海鲜广场日均接待顾客2000 人左右，如恰逢节假日，顾客更是高达4000多人，年客流量近百万，其中有外地游客约60万人。据统计，春园海鲜广场一天的营业额约为20万元。现在春园直接提供的工作岗位有1200多个，其中下岗职工600多人，加上待业青年近千人。

春园海鲜广场不仅繁荣了一条街道，还带动了三亚整个海鲜产业的发展，其成功的经营模式成为三亚海鲜餐饮业的典范，被誉为“春园模式”。春园路上的春园海鲜广场及周边的几十家主营海鲜加工的小排档经营模式的共同特点是：海鲜选购与加工相分离，两个档主分开经营。因为两家没有任何瓜葛，可以有效地互相监督，缩小顾客被宰的概率，提高海鲜的质量；再加上剔除了各种中间环节，海鲜的价位明显降低。

对此，游客好评如潮。一位游客的话最有代表性："我跑遍了全国，从没见过春园这么大的海鲜排档，又便宜又实惠。"春园海鲜广场的老总叶莲坤说，成功的原因，除了采用上述模式外，与海鲜货源、质量和诚信、卫生方面的强化管理是分不开的。

第四节　餐饮企业广告营销

一、广告的含义

"广告"一词，据考证是一外来语。它首先源于拉丁文advertere，其意为注意，诱导，传播。中古英语时代，演变为advertise，其含义衍化为"使某人注意到某件事"，或"通知别人某件事，以引起他人的注意"。直到17世纪末，英国开始进行大规模的商业活动。这时，"广告"一词便广泛地流行并被使用。此时的"广告"，已不单指一则广告，而指一系列的广告活动。现代意义上的"advertising"作为名词，指广告活动和广告业，表明在现代社会广告成为一种行业。

1890年以前，西方社会对广告较普遍认同的一种定义是：广告是有关商品或服务的新闻（news about product or service）。1894年，阿尔伯特·拉斯克尔（Albert Lasher，美国现代广告之父）认为：广告是印刷形态的推销手段（salesmanship in print，driven by a reason why）。这个定义含有在推销中劝服的意思。

1948年，美国营销协会的定义委员会（The Committee on Definitions of the American Marketing Association）形成了一个有较大影响的广告定义：广告是由可确认的广告主，对其观念、商品或服务所作之任何方式付款的非人员式的陈述与推广。

美国广告协会对广告的意义是：广告是付费的大众传播，其最终目的为传递情报，改变人们对广告商品之态度，诱发其行动而使广告主得到利益。

《韦伯斯特词典》对"广告"的定义是：广告是指在通过直接或间接的方式强化销售商品、传播某种主义或信息、召集参加各种聚会和集会等意图下开展的所有告知性活动的形式。

在现代，广告被认为是运用媒体而非口头形式传递的具有目的性信息的一种形式，它旨在唤起人们对商品的需求并对生产或销售这些商品的企业产生了解和好感，告知提供某种非营利目的的服务以及阐述某种意义和见解等。

《简明大不列颠百科全书》（15版）对广告的定义是：广告是传播信息的一种方式，其目的在于推销商品、劳务服务、取得政治支持、推进一种事业或引起刊登广告者所希望的其他的反应。广告信息通过各种宣传工具，传递给它所想要吸引的观众或听众。广告不同于其他传递信息的形式，它必须由登广告者付给传播的媒介以一定的报酬。

广告（advertising）为了某种特定的需要，通过一定形式的媒体，并消耗一定的费用，公开而广泛地向公众传递信息的宣传手段。广告的英文原义为"注意""诱导"，即"广泛告知"的意思。

广告有广义和狭义之分。广义广告包括非经济广告和经济广告。非经济广告指不以盈利为目的的广告，如政府行政部门、社会事业单位乃至个人的各种公告、启事、声明等。狭义广告仅指经济广告，又称商业广告，是指以营利为目的的广告，通常是商品生产者、经营者和消费者之间沟通信息的重要手段，或企业占领市场、推销产品、提供劳务的重要形式。

二、广告媒介

1．广告媒介的含义

“媒介”又称“媒体”，属于典型的外来语，即英语media。媒体为media意译，媒介为media的音译，在应用中，两个词基本通用不加区分。其意为：“中间的”“手段”或“工具”等。

所谓广告媒介就是指能够借以实现广告主与广告对象之间信息传播的物质工具。

2．广告媒介的分类

（1）按表现形式分类 按表现形式可分为印刷媒体、电子媒体等，印刷媒体包括报纸、杂志、说明书、挂历等；电子媒体包括电视、广播、电动广告牌、电话等。

（2）按功能分类 按功能可分为：视觉媒体、听觉媒体和视听两用媒体。视觉媒体包括报纸、杂志、邮递、海报、传单、招贴、日历、户外广告、橱窗布置、实物和交通等媒体形式。听觉媒体包括无线电广播、有线广播、宣传车、录音和电话等媒体形式。视听两用媒体主要包括电视、电影、戏剧、小品及其他表演形式。

（3）按影响范围分类 按广告媒体影响范围的大小可分为国际性广告媒体、全国性广告媒体和地方性广告媒体。世界性媒体如卫星电路传播、面向全球的刊物等；全国性媒体如国家电视台、全国性报刊等；地方性媒体如省市电视台、报刊，少数民族语言、文字的电台、电视台、报纸、杂志等。

（4）按接受类型分类 按广告媒体所接触的视、听、读者的不同，分为大众化媒体和专业性媒体。大众媒体包括报纸、杂志、广播、电视，专业性媒体包括专业报纸、杂志、专业性说明书等。

（5）按时间分类 按媒体传播信息的长短可分为瞬时性媒体、短期性媒体和长期性媒体。瞬时性媒体如广播、电视、幻灯、电影等；短期性媒体如海报、橱窗、广告牌、报纸等；长期性媒体如产品说明书、产品包装、厂牌、商标、挂历等。

（6）按可统计程度分类 按对广告发布数量和广告收费标准的统计程度来划分，可分为计量媒体和非计量媒体。计量媒体如报纸、杂志、广播、电视等；非计量媒体如路牌、橱窗等。

（7）按传播内容分类 按其传播内容可分为综合性媒体和单一性媒体。综合性媒体指能够同时传播多种广告信息内容的媒体，如报纸、杂志、广播、电视等；单一性媒体是指只能传播某一种或某一方面的广告信息内容的媒体，如包装、橱窗、霓虹灯等。

（8）按照与广告主的关系分类 按照与广告主的关系来分，又可分为间接媒体和专用媒体（或称租用媒体与自用媒体）。间接媒体（或租用媒体）是指广告主通过租赁、购买等方式间接利用的媒体，如报纸、杂志、广播、电视、公共设施等；专用媒体（或自用媒体）是指属广告主所有并能为广告主直接使用的媒体，如产品包装、邮寄、传单、橱窗、霓虹灯、挂历、展销会、宣传车等。

3．广告媒介的优势与劣势

（1）报纸与杂志 报纸、杂志通过印刷文字将大量的信息和意见传递给公众，属于印刷类大众传播媒介。

报纸作为一种印刷媒介，是以刊登新闻为主的、面向公众发行的定期出版物。杂志也是一种印刷媒介，它是定期或不定期成册连续出版的印刷品。

①报纸的优势

- 传播迅速：报纸一般都有自己的发行网和发行对象，因而投递迅速准确。
- 具有新闻性，阅读率较高：报纸能较充分地处理信息资料，使报道的内容更为深入细致。
- 文字表现力强：报纸版面由文字构成，文字表现多种多样，可大可小，可多可简，图文并茂，又可套色，引人注目。
- 便于保存和查找：报纸信息便于保存和查找，基本上无阅读时间限制。
- 传播费用较低。

②报纸的弱点

- 时效性短：报纸的新闻性极强，因而隔日的报纸容易被人弃置一旁，传播效果会大打折扣。
- 传播信息易被读者忽略：报纸的幅面大、版面多、内容杂，读者经常随意跳读所感兴趣的内容，因此报纸对读者阅读的强制性较弱。
- 理解能力受限：受读者文化水平的限制，无法对所有人产生传播效果。
- 色泽较差，缺乏动感：报纸媒体因纸质和印刷关系，大都颜色单调，插图和摄影不如杂志精美，更不能与视听结合的电视相比了。

（2）杂志传播信息的优势和弱点

①杂志的优势

- 时效性长：杂志的阅读有效时间较长，可重复阅读，它在相当一段时间内具有保留价值，因而在某种程度上扩大和深化了广告的传播效果。
- 针对性强：每种杂志都有自己的特定读者群，传播者可以面对明确的目标公众制定传播策略，做到“对症下药”。
- 印刷精美，表现力强。

②杂志的弱点

- 出版周期长：杂志的出版周期大都在一个月以上，因而时效性强的广告信息不宜在杂志媒体上刊登。
- 声势上杂志媒体无法像报纸和电视那样造成铺天盖地般的宣传效果。
- 理解能力受限：像报纸一样，杂志不如广播电视那么形象、生动、直观和口语化，特别是在文化水平低的读者群中，传播的效果受到制约。

（3）广播传播信息的优势和弱点

广播与电视同属于电子媒介。广告经常要运用广播、电视去播报新闻、广告，及时、有效地影响公众，是非常重要的广告传播手段。广播，这里指通过无线电电波或导线传送声音节目、供大众收听的传播工具。广播分无线广播和有线广播，通过无线电波传送声音符号称无线广播，通过导线传送声音符号称有线广播。

①广播的优势

- 传播面广：广播使用语言做工具，用声音传播内容，听众对象不受年龄、性别、职业、文化、空间、地点、条件的限制。
- 传播迅速：广播传播速度快，能把刚刚发生和正在发生的事情告诉听众。

- 感染力强：广播依靠声音传播内容，声音的优势在于具有传真感，听其声能如临其境、如见其人，能唤起听众的视觉形象，有很强有吸引力。
- 多种功能：广播是一种多功能的传播工具，可以用来传播信息、普及知识、开展教育、提供娱乐的服务，能满足不同阶层、不同年龄、不同文化程度、不同职业分工的听众多方面的需要。

②广播的弱点

- 传播效果稍纵即逝，耳过不留，信息的储存性差，难以查询和记录。
- 线性的传播方式，即广播内容按时间顺序依次排列，听众受节目顺序限制，只能被动接受既定的内容，选择性差。
- 广播只有声音，没有文字和图像，听众对广播信息的注意力容易分散。

（4）电视在传播信息中的优势和弱点

电视是用电子技术传送活动图像的通讯方式。它应用电子技术把静止或活动景物的影像进行光电转换，然后将电信号传送出去，使远方能即时重现影像。

①电视的优势

- 视听结合传达效果好：它用形象和声音表达思想，这比报纸只靠文字符号和广播只靠声音来表达要直观得多。
- 纪实性强、有现场感：电视能让观众直接看到事物的情境，能使观众产生身临其境的现场感和参与感，时间上的同时性、空间上的同位性。
- 传播迅速、影响面大：它与广播一样，用电波传送信号，向四面八方发射，把信号直接送到观众家里，传播速度快，收视观众多，影响面大。
- 多种功能、娱乐性强：由于直接用图像和声音来传播信息，因此观众完全不受文化程度的限制，适应面最广泛。

②电视传播的弱点

- 和广播一样，传播效果稍纵即逝，信息的储存性差，记录不便也难以查询。
- 电视广告同样受时间顺序的限制，加上受场地、设备条件的限制，使信息的传送和接收都不如报刊、广播那样具有灵活性。
- 电视广告的制作、传送、接收和保存的成本较高。

（5）国际互联网传播信息的优势和弱点

国际互联网即internet，它是指全球最大的、开放的、由众多网络互联而成的主要采用TCP/IP协议的计算机网络以及这个网络所包含的巨大的国际性信息资源。

互联网是现代电脑技术、通信技术的硬件和软件一体化的产物，代表了现代传播科技的最高水平。互联网这种全新的媒介科技，具有与传统的大众媒介和其他电子媒体不同的传播特征，主要表现在下述几个方面：

①范围广泛：互联网实际上是一个由无数的局域网（如政府网、企业网、学校网、公众网等）连接起来的世界性的信息传输网络，因此，它又被称为“无边界的媒介”。

②超越时空：互联网的传播沟通是在电子空间进行的，能够突破现实时空的许多客观的限制和障碍，真正全天候的开放和运转，实现超越时空的异步通讯。

③高度开放：互联网是一个高度开放的系统，在这个电子空间中，没有红灯，不设障碍；不分制度，不分国界，不分种族，任何人都可以利用这个网络平等地获取信息和传递信息。

④双向互动：电脑互联网成功地融合了大众传播和人际传播的优势，实现了大范围和远距离的双向互动。

⑤个性化：在互联网上，无论信息内容的制作、媒体的运用和控制，还是传播和接收信息的方式、信息的消费行为，都具有鲜明的个性，非常符合信息消费个性化的时代潮流，使人际传播在高科技的基础上重放光彩。

⑥多媒体，超文本：互联网以超文本的形式，使文字、数据、声音、图像等信息均转化为计算机语言进行传递，不同形式的信息可以在同一个网上同时传送，使互联网综合了各种传播媒介（报纸、杂志、书籍、广播、电视、电话、传真等）的特征和优势。

⑦低成本：相对其巨大的功能来说，互联网的使用是比较便宜的。

由于互联网具有以上与传统的大众媒介和其他电子媒体不同的传播特征。如今，“网络公关”“网络广告”对大多数组织与公众来讲，已经习以为常了。作为广告策划人员，如果不懂得如何运用互联网的强大功能来从事广告活动的话，他就可能成为一个信息化社会的落伍者。

三、广告策略

1．广告策略的含义与类型

广告策略是指广告策划者在广告信息传播过程中，为实现广告战略目标所采取的对策和应用的方法、手段。

配合产品策略而采取的广告策略，即广告产品策略；配合市场目标采取的广告策略，即广告市场策略；配合营销时机而采取的广告策略，即广告发布时机策略；配合营销区域而采取的广告策略，即广告媒体策略；配合广告表现而采取的广告表现策略。

广告策略必须围绕广告目标，因商品、因人、因时、因地而异，还应符合消费心理。

2．广告心理策略

广告的作用与人们的心理活动密切相关，而广告的促销心理策略，则是运用心理学的原理来策划广告，诱导人们顺利地完成消费心理过程，使广告取得成功。广告心理运用的过程如下：

①诉诸感觉，唤起注意；

②赋予特色，激发兴趣；

③确立信念，刺激欲望；

④创造印象，加强记忆；

⑤坚定信心，导致行动。

广告活动中常用的心理学原理有需要、注意、联想、记忆、诉求等。

（1）广告需要心理　需要是人们进行实践活动的原动力。人们之所以购买这种商品，而不购买别的商品，就是由于这种商品能够满足他们的某种需要。广告的促销活动不但要告诉人们有关商品的知识，而且要说明这种商品是符合他们的需要的。当人们认识到这种商品对于他们的价值，即符合他们的某种需要时，他们才会购买。成功的广告，就是首先掌握了人们的需要，并针对人们的需要确立广告诉求的重点和创作设计广告。

需要是广告诉求定位的主要依据。同是一个商品，它有许多属性，而只有那些最能满足需要的诉求定位才能导致购买行为，使广告获得成功。消费者不仅对商品的使用价值有所要求，而且要求获得心理上的满足。广告要同时掌握人们对商品实用价值和心理价值的需要，才能获得成功。同时，广告还必须能引起需要和刺激需要，通过对潜在需要的激发，使消费者产生物质欲求，并加强其信心，排除障碍，促使购买。这也是我们现在所说的广告指导消费的作用。

（2）广告中的注意　引起人们的注意，是广告成功的基础。广告若不能引起注意，肯定要失败。因为注意是人们接触广告的开端，只有注意了广告，才能谈得上对广告内容的理解。在广告设计中有意识地加强广告的注意作用，是广告的重要心理策略。广告引起人们注意的方法有多种，主要是扩大空间面积，延长广告时间，突出广告色彩，增强广告的艺术性和使广告具有动态感等。

广告的时间和篇幅都是有限的，仅靠直接印象取得的广告效果也是有限的。只有通过各种手段，激发有益的联想，才能加强刺激的深度和广度。这是有意识地增强广告效果的重要手段。

（3）广告中的联想　联想能够使人们扩大和加强对事物的认识，引起对事物的兴趣，使消费者产生愉悦的情绪，对形成购买动机和促成购买行为有重要影响。在广告中，主要运用接近联想、连续联想、相似联想、对比联想、记忆联想和颜色联想等。

（4）广告中的记忆　运用记忆原理，使人们在实现购买时能记起广告内容，并起到指导选购的作用。要考虑不同的广告对象的记忆特点来策划广告，要尽可能按需要的、注意的、有趣的、形象的、活动的、联想的、易于理解的和反复的等要求来设计广告，使人容易留下深刻的印象，保持记忆，便于回想。

（5）广告中的诉求　诉求是指外界事物促使人们从认知到行动的心理活动。广告诉求就是告诉人们有哪些需要，如何去满足，并敦促他们去为满足需要而购买商品。广告诉求一般有知觉诉求、理性诉求、情感诉求和观念诉求等多种。广告心理策略实质上就是对这些诉求的灵活运用。

四、餐饮广告的原则

1．生态绿色，营养保健

随着人们对环境污染、生态平衡、自身健康等问题的关心程度日益提高，无公害、无污染的绿色食品、保健食品，受到了消费者的欢迎，许多餐饮企业为适应这种要求，纷纷推出了自己的保健绿色食谱，并增加保健设施，营造保健环境。近几年，国内外的许多有识之士，对健康的概念提出了全新的解释。许多餐饮企业据此推出了一系列的促销措施，例如，推销健康食谱、引进健康信息（如提供与健康、运动相关的杂志，或附设健康俱乐部、瑜伽教室，或放映外国运动影片，举办健康食谱讲习班等）、提供健康设施（如设置健身器、按摩器等）、提供健康环境，如无烟餐厅等。以此适应人们观念上的变化及其要求。

近几年，药膳的保健作用，已为越来越多的人所认识。药膳餐厅也越开越多。富含高纤维的蔬菜水果，没有污染且营养丰富的野菜，在餐馆菜肴中所占比例日渐扩大，而原来作为餐馆的主菜、大菜的高脂肪、高蛋白食物则退居次要的地位。因为据科学分析，高纤维食品能够起到降低胆固醇，减低癌症罹患率，控制血糖浓度的作用；而一向不为餐馆所重视的野菜，因其味美且没有污染，安全可靠，又兼富含胡萝卜素、抗坏血酸和核黄素等有利健康的微量元素，具有良好的药用价值。据分析，野菜中的芥菜具有和脾利水、止血明目的作用，枸杞具有滋肝补肾、益精壮阳的功用，马兰头具有清肺消炎、止血凉血的作用，菊花脑有疏风散热、平肝明目的作用。在南京地区，野菜已成为市民餐桌上的重要内容，而餐馆也适应市民消费需求的变化，纷纷推出了各种精工细作的野菜时蔬。

2. 激发受众生活情感、满足社交需求

情感生活是人们的基本需要之一，近几年来社会上兴起了一股所谓煽情的营销方法，就是通过各种措施活动刺激和调动人们的情感，以达到促销的目的。许多餐饮企业也通过设立诸如情侣包厢、情侣茶座、情侣套餐、情侣烧烤等服务项目来促销。或以加强家人的团聚、朋友的聚会、父母子女情、兄弟姐妹情、乡亲情、同学情等来调动人们的消费欲望。赠送礼物服务、生日送礼、猜谜赠奖、赠送鲜花等，很多餐饮店均实施这种酬宾活动。

在宣传上，也有许多餐饮企业强调情感服务的特色，尽力突出自身适合各类情感生活的消费环境。外食市场是餐饮业的基础，而外食的一个要原因就是基于应酬的需要，如婚丧喜庆、商业会谈、情感交流、朋友聚会等，人们需要寻求一种更好的环境氛围，更周到的服务，更形式化的场所和更丰富的饮食选择。

国外的餐饮企业中，经常通过举办鸡尾酒会、自助餐等形式，向顾客提供社交机会。有些饭店的餐厅设有专门的招待单身客人的餐桌，为那些无陪伴的商业旅游者提供一个与饭店职员和其客人相互认识的机会，这种办法对那些定期到该地出差的人特别有效。

3. 突出新奇性和娱乐性

俗话说，一招鲜，吃遍天。只要能够给人们以某种新鲜感，就能对消费者产生巨大的吸引力。例如，洛杉矶有家麦当劳快餐店，座席被设计得像宇宙飞船一样，只要对正前方，就能看到一幅一米见方的屏幕，一旦客满，室内就会变暗，接着就会传来播音员的声音，宇宙飞船就要发射了，同时，椅子自动向后倾，屏幕上映现出宇宙中的种种景色，共持续八分钟，顾客可以一边吃汉堡包，一边体验宇宙旅行。据报道，这家麦当劳快餐店做了这样的设计后，使自己的营业额增加了35%。此外还有诸如动物服务餐厅、机器人服务餐厅、矮人餐厅、海盗餐厅、绿林好汉餐厅、恐怖餐厅、倒立餐厅等种种形式的餐厅，所有这些，目的都是利用人们的好奇心，来吸引客人。

餐饮业和娱乐业的结合是个普遍现象。许多餐饮店都在极力营造一种欢乐祥和的气氛，有的在餐厅里举办马戏表演，有的请相声演员说相声、讲笑话，有的在餐厅里举办舞会，总之都在竭力让顾客吃得开心，吃得快乐，吃得满心欢喜。

4. 重视顾客对信息的需求

当今的社会是高度信息化了的社会，信息的重要性已得到人们的普遍关注。信息被人们看成是与物质、能量并列的客观世界三大要素中的一个要素，也是搞好企业经营的宝贵财富。人们对信息的需求日益强烈，因此，国内外有些餐饮企业，适应这种社会需要，开办了各种各样的信息餐厅，提供各具特色的信息服务，以此来招徕顾客，促进餐饮产品的销售。最近，福建泉州建福大厦推出了新颖的新闻早茶服务，颇受广大消费者的青睐。在这里每位顾客仅需花上十多块钱，就可悠闲自得地品茶、看报、吃自助餐。自助餐品种繁多，任君选择。还有近十种报纸随你翻阅。此外，大厅的显眼处还设有大屏幕彩电，连续播送早间新闻和股市行情等。

5．满足受众的文化品位

当今的社会发展一日千里，信息在爆炸、知识在爆炸，许多人为了赶上时代发展的步伐，都在忙于给自己充电，对文化知识的追求显示出了前所未有的热情。人们这种强烈的求知欲，即使是在进餐时也不例外。

有些餐馆就针对这种需要，在餐馆中备有报纸、杂志、书籍等供客人随意阅读。有的餐馆还举办各种讲座、学习班、文化沙龙等各种活动。有的餐馆定期刊出有关营养、保健、医疗知识等方面的板报和印刷品。

还有些餐馆就像个小型的展览厅，各自以不同的主题陈列着各式各样的相关物品，顾客在这里可以从中获取许多有用的知识。东京的惠比寿有一家休闲餐厅，店中有外国人专任教师教授英文会话。采用会员制，第一次试听顾客，1小时付费日币400元，第二次就需付年费4000元，这种附加咖啡或红茶的学习英文会话方式，颇受欢迎。该店为了促进顾客彼此友谊，每两个月举办一次郊游、露营、舞会等活动。在美国康涅狄格州有一家赠书餐厅，顾客不仅能在这里边就餐边阅读，甚至还能得到老板赠送的书籍，尽管他的饭菜是一流的，但许多顾客却是醉翁之意不在酒，而是看中了他的书。自实行赠书后餐厅的营业额上升了40%。

世界上有许多餐饮店，以举办各种文化活动作为招徕客人的重要手段。如卡拉OK、爵士音乐、轻音乐、电影、剧场、民歌等活动。还有的餐馆把环境布置成画廊，或者以漫画、古董来装饰餐厅环境，以提高餐厅的文化品位。

五、餐饮广告创意

1．分析下列餐饮广告的创意

天堂饭店，人间舒适新享受。

——天堂饭店

中国药膳举世无双，良辰美景独一无二。

——中国药膳饭店

达·芬奇餐厅，上海的意大利人喜欢在这儿用餐。

——上海达·芬奇餐厅

广州海鲜厅，新潮粤菜定令您惊喜万分。

——广州海鲜厅

借问珍馐何处有？老饕手指“福满楼”。

——福满楼饭店

福兴“蒸”照，别有洞天。

——福兴饭店

意境悠闲，意味不凡。

——北京意大利餐厅

佳味满堂乐满楼。

——乐满楼饭店

法国情怀在北京。

——北京马克西姆餐厅

如果您不满意，请告诉我们；如果您满意，请告诉您朋友。

——北京天天渔港饭店

安心坐下来吃一碗吧！既便宜又好吃。

——安心快餐店

集中外烹饪之精华，汇南北清真之大成。

——汇成清真饭庄

两全其美，二人“必胜”套餐；四海一心，四人“必胜”套餐大优惠。

——新街必胜套餐店

名牌饼夏日情，双重幸运享太平。

——太平食品店

汇四海品味，聚五洲宾友。

吃玩随君意，龙虾海鲜城。

价格不变，服务更佳，上步宴客，最佳选择。

——青岛海鲜城

不要让今天的疲劳留到明天，请注入一剂辛辣良方。

——延吉咖喱饭店

2．餐饮广告创意的原则

（1）独创性原则　广告创意是广告诸要素中最有魅力的部分，一个广告与另一个同类广告之间最大的差异就是创意不同，也就是说，作为一种原创性的劳动，其最终的劳动成果应该具有独创性、独特性，或者是创意思想的独特，或者是表现手法的独特，或者是传播方式的独特，或者是销售主张的独特，总之，必须个性鲜明，与众不同。

（2）简明性原则　创意必须简洁、单纯、明确、明晰，而不是把简单的问题复杂化。简明的最高阶段是单一，一个简洁的创意和艺术处理就能强有力地把意念表现出来。

因为每个广告创意都要受到渠道容量的限制，不要指望一个创意能够表达多个内容，不要在一次广告中表现多个创意元素，否则创意信息就在传播渠道之中损失甚至消失。传播的信息一多，就在相互拥挤中塞车。

因为消费者所能接受到的每个广告的时间、注意力和耐心都是十分有限的。好的广告创意往往很简单，也就是最大限度利用受众的接受机会，传达最能使消费者留下深刻印象并为其所接收的信息。

对一个广告创意，首先要确定什么是最重要的，即主信息或第一信息。正确的广告创意策略应当是单一的诉求产品的第一信息。把第一信息通过简洁单纯、明白无误的创意更加强烈地表达出来。

（3）通俗性原则　通俗可以大大方便消费者的理解，节省沟通的成本。通俗性也是创意的生命所在。

广告创意的通俗性，主要是考虑广告创意对文化教育、文化程度、文化差异的要求。不同的国家、不同的民族、不同地区具有不同的文化特征，包括语言、风俗、习惯等。有些在欧美是十分通俗的创意，在我国受众看来就不知所云。经验也是广告创意通俗性应该考虑的背景。经验包括目标受众社会经验、文化特征、社会环境、生活阅历等。这些都是目标受众接受认知的经验性背景。

广告创意所建立的经验与目标消费者所具有的经验的重叠越多，消费者认知的通俗性就越高。

（4）关联性原则　广告创意必须与产品或服务发生关联。广告创意必须与诉求的主体具有高度的关联性，只有这样消费者才可以充分领会到自己的利益所在。两者的关联性越明显消费者的认知就会越明白，感受就会越强烈，这样的广告创意就发挥了它应该起到的作用。

广告创意必须与目标消费者有关联性，如果广告创意与消费者没有关联性，就不可能引起消费者的共鸣，就失去了广告创意的意义。卓越的广告创意就是找到产品特性与消费者需求之间的结合点、产品特性与消费者需求的相交点，将这个结合点与相交点放大，使消费者更加真切地感受到自己的需要得到了满足。

（5）合理性原则　广告创意是一种创造性劳动，用最大胆、最异想天开的手法去创造奇迹。然而，这种想象力和创造力又不是无节制的、荒谬的，它还必须遵循一定的规律，掌握一定的分寸，这就是广告创意的合理性原则。也就是说，广告创意既要遵循广告本身的特殊规律，又要遵循艺术创作的一般规律，还要符合人类思维的普遍规律。

（6）艺术性原则　广告创意的艺术性是由广告的文化价值决定的。广告通过艺术象征营造出一种令人神往的境界，将人们带入一种如诗如梦的艺术境地，让人们在不知不觉中接受广告的象征性暗示，从而产生对某一特定产品的广阔联想。广告只有具备了高度的艺术性，才可能达到它超值的传播价值。

3．餐饮广告创意的过程

（1）创意潜伏期

①平时素材的积累：素材就是与创意的产品或者服务没有直接关系，而在平时累积的材料。素材可分为书本的与生活的两类。书本素材包括从书本上学来的知识，除了许多理论知识外，还有如唐诗、宋词、元曲、童话、神话、历史、俚语、方言、谚语、小品、笑话等方面的知识。

生活素材就是我们在日常的社会生活和个人生活中获得的各种知识，如：往日的故事，童年的歌谣，青春的梦想……学习、工作、购物、游历中的尴尬、误会、惊喜……社会交往中的邂逅、失约、重逢、喜怒哀乐等。

广告创意人，要时时留心身边的人与事，要始终保持足够的阅读量，阅读自然之书、社会之书。只要我们留意，生活中的每时每刻都充满着有创意的素材，生活中的每个方面都闪烁着创意的元素。

②创造性思维的训练：创造性的思维方式能使平凡的生活元素，成为创意闪光的要素，创造性思维不是对天赋的依赖，更主要的是来自后天的思维训练。创意人员平时要有意识地进行创造性的思维训练，除了横向思维、纵向思维，还要主动训练自己的逆向思维、跳跃性思维、换位式思维、交互式思维等。

（2）创意导入期　为了得出一个优秀的创意，广告创意人员应该做许多“功课”，特别是对品牌、市场、产品、目标消费者等直接题材的了解、收集、感受等。

①寻找直接题材：可以走访企业，对产品或服务本身进行透彻研究，了解研发人员的研发思路，名称的由来，研发的过程，技术特征，为什么要研发这个性能等。

创意人员可以走访消费者，弄清楚是谁在使用、怎么使用，为什么使用、使用的环境、使用的方法、使用的过程、消费者满意的地方与不满意的地方、为什么满意或不满意，记住消费者的表达用语与表情。

可以从市场信息、竞争者的用户、竞争对手发布的广告等信息中挖掘它们的策略、竞争力、弱点等。可以走访经销商、销售代表、商场营业员等，了解他们对行业、同类产品与替代性产品的意见与建议等，了解消费者在购买现场的行为与心理特征。

②接受直接题材：创意人员除对客户部门提供的创意简报进行认真的研讨外，还应该对市场部门提供的市场数据进行深入的研究，如行业动态、行业特征，市场调查数据等，这些数字虽然十分枯燥，但有助于市场的宏观的认识与把握。因此创意人员要勤于收集、勤于阅读、勤于整理。

（3）创意初成期　创意的初成期，即创意的形成初期，具体地说，在收集、总结的基础上进行交流和思考。在这里有一个显著的特点，就是各种素材、各种思想进行激烈的交锋或碰撞，也可以说，信息与思维的碰撞。

（4）创意成熟期　创意在信息与思维碰撞的基础上有了基本的思路、初步的胚胎，还需要进行进一步的挖掘、发挥、修正、打磨、论证，包括进行创意的测试。创意的成熟大致会从两个方面进行完善，一是对初步创意的策略性的研究，以使创意的方向更准确；二是对初步创意的表现力，比如在冲击力、形象性、通俗性、关联性等方面进行更进一步的强化。

【拓展与应用】

餐饮业的跨界营销　颠覆传统思维

传统的营销思维模式，通过寻求非业内的合作伙伴、发挥不同类别品牌的协同效应、避免单独作战的同时达成“1+1>2”之势。跨界，可以从不同角度诠释同一个产品的特征并且让产品的形象更为立体。从世界范围来看，先进的餐饮业的跨界营销、颠覆传统思维、嫁接其他行业的模式，为餐饮业开辟了一片新的蓝海。

在东部经济发达、夜生活频繁的地区，麦当劳开出了24小时“便利店式”的餐厅。这些麦当劳餐厅提供全天候的、24小时的服务。无论何时何地，只要你想要用餐，都会有麦当劳与你亲切相伴。打破餐饮业固定营业时间的惯性，向已经被广为接受的“24小时便利店”看齐，24小时便利的麦当劳不再遭遇处处竞争的肯德基。

而如今，百胜集团旗下的肯德基餐厅将通过中国石化加油站开设肯德基餐厅。麦当劳的“得来速”餐厅已经在我国遍地开花。这种和加油站结合的模式使它成为了汽车餐厅。这样的便利服务，让司机不用下车就立刻体验到标准的肯德基、麦当劳快餐服务，不仅为他们的销售打开了另一种渠道，也为肯德基、麦当劳在消费者心智中建立的“这是为我提供便捷服务”的快餐品牌的良好认知。继打破时间限制之后，他们又打破了就餐地点的传统限制。而这种打破其实是消费群体细分后的产物，转换思路跨出去，在外面的世界扩展了自己新的经营业务。

餐饮专家认为，在众多行业跨界营销的案例中，无论是目前的百胜牵手中石化加油站，还是之前出现的百事可乐跨界音乐的百年经典，甚至是多年前蒙牛联手超女的组合传奇，无不渗透着跨界营销的精髓：不只是将公关、广告等营销手段进行简单的叠加，而是一种跨界思维的整合，这一思维整合的根本则是品牌文化与时代文化的对接。当一种新的食尚文化与时代群体文化进行无缝对接，它必将迅速成为主流，并以最快的速度、最张扬的姿态得到人们的追捧。而餐饮企业兴起的跨界营销，将成为一种潮流和趋势，也势必为餐饮业带来新的气象。

餐饮行业的主力消费群体在消费习惯、消费结构、消费偏好等方面也在发生变化。值得注意的是，网络正在改变白领的就餐习惯，外出就餐前白领习惯于查询美食网站来“做功课”，更明显倾向于参与团购获得更大实惠。

餐饮咨询专家透露，餐饮行业实际上存在一个可扩展的边际地带。对企业、对消费者而言，都依然具备非常大的双赢空间。餐饮企业的房租成本、人员成本都是固定的，浮动的菜品成本和额外支出的水电煤气等成本，往往只占到总成本的15%~30%，因此在达成一定的收益指标后，完全可以推出5折以下的团购活动，此时的边际成本趋向于零，而顾客会源源不断。他们会在正常时段成为回头客，或推荐其周围的人来店消费。

营销让经理人迷惑，餐企“营销策划”成解药

餐饮营销是餐饮企业发展战略的重要组成部分，涉及经营中的方方面面；而销售则是用适当的方法和技巧，使顾客产生消费的欲望，并最终完成交易，让顾客得到心理和物质上的满足。某些餐饮营销方案实施后，在短时期内是不会给企业带来利润的，但是长远看，它却能为企业树立形象，给企业带来潜在的收益。而销售倒是立竿见影，企业很快就能见到经济效益。但作为餐饮经理人应该注意，过度的打折销售很可能会演变成倾销，最终影响到企业的发展。

品牌意识缺失——馋嘴鸭不再馋嘴

馋嘴鸭由A市××实业公司创立，由于其味道独特、口味鲜美，深受消费者喜爱，在2001年创立之初，就开始独领风骚。2002年初，馋嘴鸭以连锁店的形式登陆全国各地，火爆一时。

但接下来问题却相继出现。由于馋嘴鸭的“馋嘴”一词没有被任何一家企业保护注册，在多次传播之后演变成一个通用名称。因此，各式各样的馋嘴鸭品牌开始相继涌现，整个市场一片混乱，鱼龙混杂，什么样的口味都有。这些本应统一于馋嘴鸭之下的品牌最后成了相互对立的竞争者。品牌的混乱导致了消费者对“馋嘴鸭”整体品牌认知感和好感开始下降。

“馋嘴鸭”这个名字事实上成了公共财产，谁都可以使用。同时，应该绝对保护的馋嘴鸭配方也遭到了泄露，以至于这种配方也成了被出卖的商品。有的伙计跟着老板干，一旦掌握了“馋嘴鸭”的烹制方法，便打着加盟店的名义，自己去开店了。甚至有的几乎什么也不干，只卖“秘方”，光卖“秘方”有人就卖了十几万元。品牌一旦失去独占性，整个市场就会被多头控制，馋嘴鸭混乱的市场在本质上就归根于这种知识产权保护意识的缺失。而这，正是馋嘴鸭昙花一现又迅速枯萎的主要原因。

另一方面，“馋嘴鸭”只注重物质诉求，文化品位缺失。人们吃“馋嘴鸭”，只是

得到了口感上的满足，而其中没有任何文化的东西，使人们得不到精神上的享受。

肯德基不仅仅为顾客提供高质量的食品，而且还致力于营造一种饮食氛围，让人在消费食品的时候还能享受到这种饮食文化。然而，馋嘴鸭从一开始就把自己定位在廉价低档食品，只要有个门面房，弄个炸鸭机，交上几万块钱，便可挂上“馋嘴鸭”的招牌，这就算是一个连锁店了，为了急于低成本快速扩张，馋嘴鸭真的成了一只让人提了就走的“鸭子”。

很多馋嘴鸭只有外卖，两没有店内消费的位置，没有内部的装修和设计。他们只想光凭馋嘴鸭的“馋嘴”吊起顾客的胃口，在他们单纯依赖于产品物质属性的时候忽视了应该给消费者提供的文化品位。然而，消费者并不只是因为嘴馋才来吃馋嘴鸭的。有消费者坦言“什么馋嘴，时间一长，就会吃够了”。这说明，物质诉求对消费者的吸引力是短期有限的，馋嘴鸭不应该只靠“馋嘴”本身来吸引消费者。

凭借着“馋嘴”的口味，馋嘴鸭一度在短期内激起了大量消费者的食欲，排起长队购买馋嘴鸭的现象屡见不鲜。这种暂时的畅销现象冲昏了经营者的头脑，同时也令那些企图加盟的小资本蠢蠢欲动。大量的竞争者涌入，不仅破坏了供求平衡，造成供过于求的局面，而且各种品牌的馋嘴鸭鱼龙混杂，有的业主追求短期行为，甚至用病鸭、死鸭进行加工生产，加上手艺参差不齐，导致的结果是破坏了消费者对馋嘴鸭市场的整体认同。馋嘴鸭的扩张采取的是特许经营模式。但是特许经营的前提是必须具备商标和秘方等核心知识产权，而馋嘴鸭在扩张之前已经失去了这一优势。

馋嘴商标成为通用名称，配方被泄露出卖。而这，必然导致扩张过程失控。任何一个获得秘方的经营者都可以作为一个独立的馋嘴鸭品牌进行特许经营，本应该由一个企业统一控制的扩张过程现在分别掌控在众多经营者手里，利益驱动使得他们必然争先恐后地大肆扩张，整个馋嘴鸭的市场扩张立刻陷入混乱无序的盲目状态。

表面上看，这种盲目扩张是因为它的加盟门槛极低——只要能付出一笔加盟费，就可以开一家馋嘴鸭店了，而分店也可以授权开分店。但最根本的原因还是在于商标、配方等知识产权的失控，使得这个本能够健康壮大的企业被分裂成多个企业，成了一个馋嘴鸭行业。这样，各个馋嘴鸭品牌必然就会在扩张速度上展开激烈竞争。即使加盟门槛再高，也会被这种群体追求短期行为的恶性竞争拉下来。种种原因，导致了“馋嘴鸭”最后的失败。

·课后思考题·

1. 简述品牌营销的含义。
2. 简述品牌营销的策略。
3. 简述餐饮企业竞争力的要素。
4. 简述餐饮品牌营销的五要素。
5. 简述广告的媒介分类。
6. 简述广告策略的类型。
7. 简述餐饮广告的创意原则。

参考文献

[1] 周忠民．饮食消费心理学［M］．北京：中国轻工业出版社，2010.

[2] 曾郁娟．餐饮消费心理分析［M］．广州：广州出版社，2004.

[3] 全国十二所重点师范大学联合编写．心理学基础［M］．北京：教育科学出版社，2002.

[4] 彭聃龄．普通心理学［M］．北京：北京师范大学出版社，2004.

[5] 理查德·格里格、菲利普·津巴多著．心理学与生活［M］．王垒，王甦，译．北京：人民邮电出版社，2005.

[6] 黄希庭，毕重增．消费心理学［M］．上海：华东师范大学出版社，2007.

[7] 迈克尔·R·所罗门著．消费者行为学［M］．卢泰宏，杨晓燕，译．北京：中国人民大学出版社，2009.

[8] 卫军英，任中峰．品牌营销［M］．北京：首都经济贸易大学出版社，2009.

[9] 威廉·威尔斯，桑德拉·莫里亚提，约翰·伯奈特著，广告学原理与实务［M］．桂世河，译．北京：中国人民大学出版社，2009.

[10] 陈觉．餐饮营销经典案例及点评［M］．沈阳：辽宁科学技术出版社，2003.

[11] 蔡万坤，刘捷，于铭泽．餐饮企业市场营销管理［M］．北京：北京大学出版社，2009.

[12] 陈觉．餐饮经营失败与案例评析［M］．沈阳：辽宁科学技术出版社，2007.